AF302026

FSC
www.fsc.org
MIXTE
Papier issu
de sources
responsables
Paper from
responsible sources
FSC® C105338

LE SOUPIR DU PAYSAN

Fils d'un ouvrier agricole devenu paysan, admissible à l'Ecole Normale Supérieure, ingénieur diplômé de l'Ecole des Arts et Métiers, de l'Ecole des Moteurs, titulaire d'un DEA énergétique de l'Université Paris VI, il travaille au Centre Technique de Renault, puis dans la Formule Un chez Renault-Sport et Ferrari. Accumulant 18 titres de Champion du monde de F1, il quitte cet univers qui perd son ADN. Explorateur, engagé, curieux, au seuil d'un monde nouveau, il écrit sa conception d'une vie solidaire tournée vers l'humanité.

La couverture représente un extrait du tableau « l'angélus » peint de 1857 à 1859 par Jean-François Millet, peintre né dans le Cotentin. Ce tableau « l'angélus » était celui représenté sur la série de pots à épices déposés en vue sur le manteau de la cheminée de la ferme de mon enfance.

NOËL CAVEY

LE SOUPIR DU PAYSAN

ET LA TERRE MOURUT

ESSAI TROISIEME

Editeur : BoD – Book on Demand,
12 / 14 rond-point des Champs Elysées, 75008 Paris
Impression : BoD – Book on Demand, Allemagne

ISBN : 978-2-322-22274-2

Dépôt légal : Août 2020

A Monsieur le Ministre de l'Agriculture et de l'Alimentation

En souvenir de Paul, mon père, ouvrier agricole à 11 ans, paysan à 32

A Floriane et Clémentine, ses petites-filles, mes nièces,
à Ellie, son arrière-petite-fille qui aura 30 ans en 2050
qui ne l'ont guère ou pas connu.

Aux générations de paysans

A Dominique, ma femme

A Aurore, ma filleule

– TABLE DES MATIERES –

I

– LE SOUPIR DU PAYSAN –

J'écris cet essai en hommage à mon père. Ce n'est pas un livre sur sa vie. Ce ne sont pas non plus ses paroles car aujourd'hui encore, je tente de pénétrer les pensées, les silences, les réflexions de ce paysan disparu il y a deux décennies et demi et trop vite disparu. Un paysan ne dit pas ses pensées à ses enfants, sa vie est faite de silences. Pourtant j'eus l'opportunité de les lui solliciter car au fil du temps nous devenions complices, ce qui m'intimidait, il est parti avec ses secrets. Ce livre est une longue réflexion sans réponse sur le monde paysan et son avenir proche ou lointain.

Papa est l'un des derniers paysans qui perçut et vécut la profonde rupture dans le monde agricole dû à l'accélération chaotique vers un autre paysannat, rupture où tout bascule sans retour en arrière, où tout s'accélère après la transition. Papa a traversé cinquante années de sa vie de travail à la *"Terre"* de 1938 à 1987. Il vécut les mutations. Imaginez, en 1947 son patron, lui proposa de passer le permis de conduire sur sa Mathis, il refusa, *"à quoi bon, je ne pourrai jamais acheter une voiture"*. L'ouvrier agricole savait sa condition éternelle, celle de prolétaire. Il se présentait le 14 juillet à la recherche d'emploi comme ouvrier agricole devant les patrons paysans à la recherche de *"bras"* puissants. Au-delà de ce temps écoulé, je cherche encore à comprendre pourquoi un jour, il me dit de quitter la *"Terre"*, c'était son expression, il travaillait la *"Terre"*. La *"Terre"*, c'est là où il a toujours vécu, c'était sa vie, son monde, sa liberté. C'est là aussi où je suis né, ce fut mon berceau et j'y vécus durant vingt-cinq années. Ce livre tente de cerner le monde paysan en restant fidèle à la philosophie que créait mon père, ce monde d'artistes capables d'apprivoiser le soleil pour nourrir l'humanité et je m'en inquiète.

— *Qu'avait-il intuité pour me dire abruptement : "pars, va-t'en, quitte la Terre" ?*

— *Que savait-il ? Comment imaginait-il l'avenir ?*

Les souvenirs de ma vie d'autrefois me reviennent jusqu'aux temps où je partageais, pendant deux décennies, études scolaires et universitaires, et travaux à la ferme, même si ces moments sont souvent vaporeux et lointains, et par là même, pénétrés de douceur et de tristesse, comme le sont souvent les souvenirs d'une petite enfance, d'une chose révolue, comme ceux de l'émigré d'un monde disparu. La rédaction de l'essai progresse avec la présence transcendante de mon père, il la surveille par moments *"es-tu bien sûr ?"* ou me souffle *"enfin !"* ces mots qu'il ne disait jamais. Lorsque je réfléchis à un thème, je retourne vers ses pensées, ses silences, sa vision, et le patois normand, ce *"prêchi patoué"* me revient comme le désir inconscient de pérenniser encore le lien entre l'écriture et ce passé, avec une fierté authentique de conserver ce dialecte disparu qui unissait les vrais paysans. A cinq ans, tout gamin, on travaillait à la ferme avec les adultes, c'était ainsi, s'ils s'efforçaient de parler en français pour nous l'enseigner, le patois leur revenait dans leurs discussions. Il n'y a pas eu pour moi, d'école maternelle et ce travail paysan tout jeune était l'apprentissage de la vie au milieu des animaux de la ferme, au milieu des cultures, dans le jardin, mon frère et moi, nous y avions chacun notre carré de deux à trois mètres carré, et dans les champs ; il nous laissait toutefois un espace pour les jeux avec les copains, les débats publics entre nous, garçons et filles, avec nos rendez-vous réguliers, juchés sur les branches de notre chêne, notre agora, facile à escalader, au centre du hameau, nous inventions notre monde de demain « quand on sera grand » ou plus vigoureuses, les ballades à travers champs, nous partions de la maison à la découverte de la biodiversité, le mot n'existait pas.

La dimension de la ferme augmentait, et son économie, au fur et à mesure de la croissance de nos forces musculaires qu'elle avait à disposition ; mon frère et moi, comptions dans cet apport d'énergie lorsque nous rentrions de l'école, le soir, les fins de semaine ou toutes les vacances scolaires, car c'était ainsi dans l'agriculture d'autrefois. Tout, ou quasi, était manuel dans cette ferme, comme la traite des vaches, base du revenu de la ferme. De cette activité de la traite, j'en étais dispensé. J'étais dédié à d'autres tâches moins répétitives, mais tout aussi fastidieuses comme charrier de l'eau prélevée avec une pompe manuelle de la rivière et dépotée dans la citerne remorquée au tracteur pour la distribuer aux vaches en remplissant leur bac, souvent deux fois par jour et lorsque le tracteur était disponible, et d'autres travaux comme le labour ou les travaux aux foins, sans oublier la participation dans toutes les corvées chez les voisins dans le partage des travaux agricoles. C'était le sens des vacances dites scolaires dont je suis fier.

Pour les hommes libres, le temps a une valeur, elle est d'autant plus grande que l'on peut y déployer des ressources intérieures. Mon père avait choisi de quitter le métier d'ouvrier agricole pour lequel il avait été employé pendant vingt ans, et décidé de monter sa ferme et enfin devenir paysan pour être libre comme il disait, pour être son propre patron. A quoi bon devait-il se tourmenter à prévoir l'avenir, puisque désormais, il vivait son art pour lui, c'était cela le sens de sa vie ; cela fut ainsi jusqu'au jour où des pontes de l'agriculture n'en changeassent les règles. Le paysan ne devint plus libre, on décida pour lui. Quand aucun de ses actes, aucune de ses paroles n'aurait pu infléchir son avenir ou si peu, il m'envoyait manifester avec ses copains paysans, il disait que ces actions n'étaient pas pour lui, il augmentait ainsi encore plus sa liberté d'homme. Il n'aimait pas être encadré, il n'était pas militant, il voulait conserver toute sa liberté. Fallait-il obéir lorsqu'on n'est pas d'accord ? Mais il faisait plaisir à ses copains en m'y impliquant comme gamin de la *"Terre"*, j'étais la mascotte du groupe. Je suis monté à Bruxelles en bus avec les paysans du village, pour manifester devant le parlement Européen ; je me souviens vaguement d'un amas grégaire, je n'en sais plus la raison, ou s'il y en avait vraiment une ; je ne sais plus si on obtint gain de cause. La sagesse de mon père était d'y échapper, de ne pas non plus chercher à comprendre cette opposition, surtout de ne pas s'opposer sans en cerner le motif. Avec lui, si on proférait une opposition, il demandait, *"que proposes-tu à la place ?"* Il observait avec une grande curiosité et étonnement de l'enfant, ces nouveaux mouvements dans l'agriculture, il lisait assidument un journal agricole. Mais en fin de compte, tout cela lui paraissait absurde surtout lorsque cela allait dans la démesure, contre nature. Comme par exemple, le poulailler d'un voisin composé de quelques centaines de poules pondeuses accolées les unes contre les autres sans pouvoir bouger dans un bâtiment en tôle émettant l'odeur singulière de leur fiente, pour le gain de la vente d'œufs ; comme autre exemple, les pieds de tomates sous une vaste serre qui, avec leurs racines à l'air libre et arrosées en permanence avec de l'eau chargée de sels minéraux, produisaient des tomates quasi en toute saison ; ou bien d'autres exemples, comme les machines à traire modernes où les vaches étaient identifiées à l'entrée de la traite et en fonction de la quantité de lait qu'elles produisaient, étaient nourries selon un logiciel de calcul établi par quelque institut de recherche. Chez lui, ses vaches, une vingtaine vers la fin de son activité, ne produisaient en lait chacune la moitié de celles de l'autre ferme moderne, elles étaient du printemps à l'automne à l'herbe en liberté dehors dans les champs, et chaque matin la clôture était déplacée après la traite, il comptait la nouvelle surface d'herbe à faire brouter au nombre de pas qu'il faisait pour déplacer les piquets de la clôture. Il les appelait chacune par leur nom, et celle appelée, venait vers lui. Quand on changeait de champ, elles se déplaçaient, disciplinées, à la queue-leu-leu sans difficulté même sur la route nationale. Sa basse-cour était en liberté, on n'aurait jamais imaginé un tel enfermement de la volaille, elle était le quotidien de la cour de la ferme à picorer les épluchures ; la nuit, on les enfermait pour les protéger d'un prédateur.

Pour ce paysan, le temps était indéfini lorsque les jours se succèdent aux jours, les mois aux mois dans les cycles de la nature dont il maîtrisait la puissance. Chaque jour était pour lui différent. Quand il se levait le matin, il savait pourquoi il allait travailler. Papa était un homme : son humanité était pure et intacte, il ne pouvait appartenir à ce nouveau monde imposé par les pontes de l'agriculture, petits ou grands, dans leur démesure de l'exploitation de la nature, dans un monde où demain serait encore pareil à aujourd'hui, un monde où on ne saurait si demain il pleuvra qu'en lisant un message sur le téléphone et qui nous dirait quoi faire maintenant comme une mécanique réglée d'avance, car il faudrait produire indéfiniment : car dans ce monde ainsi considéré, plus on travaille, plus on gagne et plus on mange ; car on serait devenus des robots. Un monde où on aurait l'impression qu'on a la chance d'être encore en vie, car un événement quelconque, un tout petit rien, nous empêcherait d'aller au désespoir et nous donnerait l'espoir de vivre, et que chaque matin on se dise que l'on tiendra bien encore jusqu'au soir à ce rythme-là, et si on veut, et quand on veut, on peut toujours arrêter tout cela en se suicidant, alors, il n'y aura plus de problèmes. Sur le certificat de décès, on écrira *"accident"* pas *"suicide"*, car cette mort est si honteuse qu'on la dissimule, car il y a le qu'en-dira-t-on, car l'Eglise bannit ces âmes damnées du paradis en les enterrant face contre terre dans le carré des indigents. Car tout cela pour une course effrénée au *productivisme* avec des perspectives de gains limitées. Car l'agriculture est devenue folle et le paysan a perdu, contraint, le sens de la vie primordiale. On pourrait croire que son suicide suit sa révolte, mais il n'est que l'aboutissement logique comme seul et terrible avenir, comme une libération.

> *— Pourquoi le paysan continuerait-il à être s'il n'est rien, s'il n'est plus que silence, négation, s'il n'est plus que souffrance attachée au néant ?*

Le paysan n'est plus un homme, mais une abstraction, un robot, or il existe tout compte fait et veut vivre en acceptant sa propre condition. C'est la confrontation perpétuelle de l'homme qui, à chaque seconde, cherche à éluder le problème et vivre son destin. Son existence s'éclaire dès qu'il se place dans l'espérance du vouloir-vivre en paysan. Pourquoi serait-il attiré vers un autre destin, quelle serait cette nouvelle attraction ? Sa vie et son travail, dépendent de la volonté et de l'humeur du voisinage. Les hommes sont des êtres conditionnés : pour les citadins, les paysans sont des parias, des cul-terreux, des pollueurs, des ignares, les derniers de la classe, des brutes musculaires, avec différentes nuances qui vont du mépris à la commisération. Le citadin joue l'ambivalence, mais sait-il pourquoi il le fait ? Ou bien se considère-t-il d'un grade plus élevé, ou peu de chose pour l'emporter en autorité sur une créature aussi modeste. A cause de cela, l'humanité est morte, il l'a ensevelie sous cette offense infligée, dans la douleur de se souvenir, dans la souffrance déchirante de se sentir un homme fier et libre devenu un misérable crasseux, dans le sentiment d'une existence qui dépend du regard que l'autre porte sur lui. Cette situation n'est jamais une fatalité, c'est nous qui donnons une fatalité à cette situation. On ne rêve pas d'un monde meilleur pendant des années, des dizaines d'années, sans se le représenter parfait. Mais l'homme est grégaire, il recherche plus ou moins consciemment à se rapprocher, non pas de son prochain, mais de ceux qui partagent ses convictions, ou l'absence de convictions, ou dans un rapport de soumission. Quelle que soit l'importance du malheur paysan, le paysan ne se réduit à cette ombre négative. Dans son histoire, la positivité fut plus vigoureuse que la négativité. L'histoire et la vie du paysan ne sont pas cette incessante persécution. Le paysan est attaché à ses valeurs, à ses rites, au cycle de la nature, à sa fierté d'apprivoiser le soleil, mais il s'oblige à traiter cela comme une occupation privée dont le moins d'indices possibles ne doit transparaître aux autres. Mais saurait il enseigner son savoir-faire, sans prendre le temps ? On ne devient pas paysan du jour au lendemain. Sa discrétion l'enfonce davantage dans une séparation absurde en montrant qu'il s'efforce à dissimuler son art comme une gêne, une entrave à sa vie, le paysan devient la figure honteuse.

Voici le départ du tricotage *"agriculture, énergie, ville"* dans la relation interdépendante : *"agriculture, paysans, machines agricoles, intrants, citadins"*, restera-t-il à savoir la chose essentielle :

> *— Qu'allons-nous manger demain ?*

II

– ET LA TERRE MOURUT –

Le paysan est révolté car l'humanité est absurde, car l'humanité nie le pouvoir transcendant de la raison, car le mode de vie moderne de l'économie de marché ne s'intéresse plus à l'agriculture, elle est devenue si peu de choses. Cette économie de marché est devenue le modèle dominant, voire exclusif de l'organisation de notre société. La révolte du paysan nait devant le spectacle de la déraison dans sa condition injuste et incompréhensible, alors qu'il est source de la vie de l'humanité. Depuis la perestroïka, la chute du mur de Berlin et la mutation économique de la Chine, la société subit des échecs économique, culturel, social et environnemental dus à cette nouvelle économie. Le paysan ne peut plus rester dans le mutisme continu de l'homme révolté devant ce fatalisme de la concurrence mondiale des produits agricoles, mais il peut éveiller son devoir de parler et d'offrir au monde son existence primordiale sur la vie de l'humanité, elle, enfermée dans le caractère limité de son existence dorénavant citadine, devenue à son tour, marchandise banale et fatale de cette économie. Le paysan crie, il exige, il veut que cette situation cesse, il n'est pas une marchandise. Puis un jour, découragé, il soupire d'un dernier soupir. Sa révolte devient un cri humain exténué dans le silence déraisonnable de l'humanité, dans la surdité du *"pourquoi cette vie ?"*.

> *— Mais que signifie pour le paysan, la vie dans ce monde, dans la mesure où il imaginait un but à atteindre à sa vie ?*

Rien d'autre que de l'indifférence à l'avenir. Pire, cet homme, ce paysan, est un homme révolté qui se serait habitué, sans révolution, sans volte-face, sans mépris, à un monde qui l'inquiète. Il rejette l'ordre humiliant du pouvoir de l'exécutif, de ce mouvement quotidien de forces visqueuses, de cette ingérence incompétente dans son métier. Jusque-là il se taisait, mais la peur s'installe, il râle à ce désespoir. Il voudrait le changement sans le vouloir vraiment, il ne désire plus rien. Dès qu'on lui propose un changement, il s'y oppose car il sait, il a peur de l'effondrement final du condamné à mort, dégoûté ; il a peur qu'on le trompe encore une fois de plus. Il existe une chose sûre qui semble morale, l'homme est toujours la proie de ses vérités, mais une fois comprises, il ne sait plus s'en défaire et peut en demeurer esclave. Cet homme refuse le monde tel qu'il est et pourtant il n'accepte pas d'y échapper, il est aux prises avec les réalités qui le dépassent. Il rejette l'ordre et en même temps son état de paysan. Il faut le sortir de son état de tutelle permanent dont il est lui-même responsable. Cette part de lui-même, il voulait la faire respecter par l'autre, et la mettre au-dessus de tout, comme le seul bien qui lui reste. Il rejette tout compromis et soudain il prend conscience de sa personne, il veut être reconnu et salué.

Sans espoir ou se tournant vers quelque divinité apaisante, le paysan n'appartiendra bientôt plus au devenir de l'humanité, il s'abougrira, comme un prisonnier sans lendemain, pour mourir, ainsi l'extinction de l'*homo-sapiens* sera la misère de l'affamé. Le paysan n'acquérait éphémèrement de valeur aux yeux de l'humanité que du fait de sa soudaine utilité, c'est-à-dire de son effet nourricier dans l'état d'esprit des individus. Trop tard. On accepte cette déchéance dernière qu'est la mort par la faim.

S'il y a de la douceur à s'abandonner devant ce crépuscule singulier, des feux rougeoyant devant nous, nous placent avec stupeur en face de la beauté du monde agonisant, notre terre-nourricière meurt. Aucune indulgence n'est tolérable. L'amour soudain pour le paysan révolté entraînerait la revendication. Mais il n'y a plus de lendemain.

L'erreur de toute politique de toute époque a été de leur énoncer des règles, règles instantanées ou règles générales d'action à partir d'une situation donnée, de crise financière, économique, sanitaire, d'une émotion désespérée devant un drame, une souffrance, notamment en ce qui la concerne, comme si l'agriculture devenait une variable de prédiction ou d'ajustement immédiate de la société instantanée de l'économie de marché, sans penser ses effets sur les grandes souffrances humaines et écologiques. Puis se pose la question légitime, pour échapper à l'arbitraire inhérent à cette économie de marché envahissante, ou pour éviter de botter en touche par découragement, de savoir dans quelle société l'homme aimerait vivre, sachant que l'humanité est composée d'individus tous différents. Une façon nouvelle de s'interroger.

La conscience humaine voit le jour avec la révolte dans une certaine intuition et la certitude d'avoir soi-même raison. La révolte naît du spectacle de la déraison de l'absurde de la condition paysanne, elle qui nourrit chaque jour, l'humanité, sans cela, ça serait la faim. Lorsque l'humanité découvrira, à la mort du paysannat, son incapacité de se nourrir seule, avec devant elle, des gouvernements totalement paralysés devant l'ampleur d'un tel chaos car il n'y a pas de docteurs en médecine pour soigner la faim d'un affamé, il y aura le risque d'un comportement individuel qui pourrait aller à l'encontre de l'intérêt collectif. Réfléchir au rôle social du paysan constitue un questionnement essentiel, car il influe sur notre nourriture, notre santé, nos rencontres, il participe à cette vie ensemble, à la vie de la campagne et celle de la Cité.

> *— L'agriculture n'est pas une science ni un simple métier, mais à la fois, un Art et une Passion.*

III

– L'ESSENCE DE LA VIE –

Au départ, et avant tout, il fallait vivre. Cette vie n'était pas le sentiment de liberté comme priorité, mais la nécessité biologique, l'essence de la vie biologique : respirer, boire, manger, se réchauffer, se mouvoir[1], réfléchir[2], et aussi se loger et se soigner[3]. Ainsi il était

---

[1] Le rendement de conversion énergétique de la biomasse en seul travail musculaire, se situe entre 8 et 10% pour un homme. *Si on considérait le moteur thermique, le rendement de la conversion de biomasse à travail serait de 12 à 15%. En comparaison, l'énergie fossile, biomasse modifiée sur des millions d'années, permet un rendement de 40 à 50%.*

[2] Le cerveau humain consomme environ 20% de l'énergie de l'alimentation pour fonctionner.

[3] Dans l'évolution de l'Homo-sapiens de son passage de la chasse-cueillette à l'agriculture, s'ensuivit l'évolution de la plupart de nos maladies du fait de carence nutritionnelle (les chasseurs cueilleurs avaient un régime alimentaire très diversifié qui a disparu depuis la révolution agricole), de l'allongement des durées de stockage des aliments (2 à 3 jours pour les chasseurs cueilleurs), d'épidémies dues à la concentration d'habitants dans les villages agricoles, … etc.

impératif de se nourrir, de se préserver du froid, de combattre les animaux sauvages et les autres hommes, et de se reproduire. Alors l'humain inventa la nécessité du travail, de cueilleur-chasseur nomade, il devint paysan sédentaire car il découvrit l'opportunité de piocher la terre sous ses pieds, de l'ensemencer, puis de récolter, et aussi celle de fabriquer des moyens de production, les entretenir, les protéger. Littéralement le paysan s'enracina et en même temps, acquit le droit du sol. Il déploya de plus en plus une nouvelle intelligence et un art à fabriquer des armes, des outils ; il domestiqua de mieux en mieux le feu ; il domestiqua les bœufs et les chevaux ; il inventa la roue ; il développa la culture des céréales et en fit du pain, des pâtes, de la semoule, de la vigne il en fit du vin, et de l'olivier de l'huile. Il cuisina. A partir de la révolution agricole, le nomade devint l'agriculteur sédentaire, il travailla toute la semaine, toute l'année, il améliora ainsi ses ressources. La liberté du nomade disparut et fut saturée par le travail quotidien de l'agriculteur. Petit à petit son intérêt se porta sur le soleil, la lune et les étoiles, les marées et la succession des saisons, de froid, de chaud, de pluies, de neiges qui rythmaient son emploi du temps, ses superstitions et tout ce qui influençait au final, ses récoltes pour se nourrir et rester en bonne santé. Il acquit une sagesse empirique, cette sagesse, ce savoir, cet art, se transmirent de générations en générations, de pères en fils, de maîtres à compagnons. Un jour, plus tard, par calculs et expériences, Galilée[1] osa réduire la terre à un simple satellite du soleil comme vérité scientifique, mais comme sa vie fut mise en péril par l'église, il y

---

[1] Sidereus nuncius – publié en 1610

renonça, sa vérité ne valait pas le bûcher car elle ne changeait pas le rythme des saisons ni la qualité des récoltes. Nous sommes libres et responsables et Dieu n'est pas tout-puissant. Les mouvements du système solaire obéissent à des lois simples immuables, alors que faire pousser des plantes suppose l'art du paysan, art acquis patiemment au fil des saisons pour capter opportunément les rayons du soleil et sans cesse, améliorer ses récoltes.

Le paysan aurait pu rester ce chasseur-cueilleur comme mode de subsistance sans modifier son environnement en prélevant ses ressources, au contraire des cultures basées sur l'agriculture et l'élevage dans laquelle les hommes ont cherché cette fois à produire les ressources plutôt que les prélever. Le chasseur-cueilleur était nomade lorsque les ressources naturelles s'épuisaient, mais prudent, il préparait auparavant son retour sur le lieu qu'il quittait. Puis l'homme passa ainsi petit à petit, d'une stratégie de prélèvement de ressources dans la nature, à celle de la production de ses ressources. Il y a 12 000 ans, les conditions climatiques furent en même temps favorables à cette activité nouvelle de sédentaire et ainsi à la création de villages, l'humanité à ce moment, se mua. L'humain prit cette habitude nouvelle de vivre une vie matérielle avant d'acquérir celle de penser ; les religions ou les croyances le firent à sa place, il obtempérait. Autour de l'agriculture du paysan, des services se créèrent opportunément, comme le militaire pour protéger le village, le forgeron pour fabriquer des outils, le curé pour prédiquer, le cultivateur pour travailler la terre avec ses outils comme la charrue et ses chevaux. Les techniques évoluèrent très lentement, comme par exemple, le collier d'attelage du cheval, pour améliorer sa force de traction, n'apparut qu'il y a mille ans. Pour améliorer son art et son quotidien, l'homme fouilla sans cesse le monde matériel, la terre et son sol ; la Bible le lui permit impunément : "assujettissez[1] la Terre, remplissez-la, dominez-la" car ce monde est tangible, réel, palpable, beaucoup plus simple à comprendre que la constitution spirituelle du monde de la société humaine dans laquelle l'homme vit. Pendant cette très longue période du début de l'agriculture, jusqu'à il y a deux cent ans, le recours au travail musculaire humain était la principale source d'énergie. L'Art paysan consistait à tout mettre en place de façon à ce que leurs plantes reçoivent l'énergie solaire dans les meilleures conditions possibles pour leur croissance. Cette énergie solaire utilement stockée dans ces plantes et ensuite dans la chair des animaux se nourrissant de ces plantes, fournissait au monde humain son énergie. Au fil des saisons de la nature, l'homme travaillait dans le mouvement circulaire annuel fait de saisons, d'événements marquants de la vie, de religion, de guerre, de maladie, de fatigue, de blessure du corps. Il s'épuisait au travail pour manger, il mangeait pour avoir la force de travailler et cela recommençait chaque année. Sournoisement imposé par ce nouveau système économique et ouvertement organisé par les lois qui privaient de leurs droits les plus faibles, les esclaves ou les serfs travaillaient pour leurs seigneurs, les ouvriers agricoles pour leurs patrons. Par chance pour son confort, le monde matériel craqua, il donna le pouvoir à

---

[1] Genèse 1.28 – sixième jour

l'homme d'exploiter à son profit toute la matière précieuse contenue au sein de la terre, dans son sous-sol, de ses ressources gratuites sans vraiment d'effort. Avec le gain des découvertes scientifiques depuis l'époque des Lumières, avec l'apport de nombre d'anciens travaux de scientifiques arabes et grecs, les ingénieurs créèrent des applications pratiques, à la fois lucratives pour ceux qui les développèrent et agréables à ceux à qui elles facilitèrent leur existence et augmentèrent leur confort. Ainsi les moulins à eau ou à vent, mais aussi cette fameuse machine à vapeur, convertisseur d'énergie thermique en force mécanique, qui fut, elle, le principe fondateur de la révolution industrielle. De la sorte l'humanité se passionna plus aux inventions qui rendirent le travail moins pénible, qui accélérèrent la mobilité et les communications, qui diminuèrent la rudesse du quotidien qu'aux effets secondaires essentiellement liés, c'est-à-dire l'existence d'une humanité plus humaine ou plus spirituelle. La médecine soulagea les malades avant d'observer les causes de leurs maladies[1]. Sans cesse les hommes continuèrent à libérer les forces terribles que la nature tenait enfermée par précaution depuis des millions d'années. L'humanité s'en est rendue maîtresse, à tel point qu'elle appela cela progrès, un progrès qu'elle jugea comme le mouvement positif de sa civilisation. Pour l'agriculteur, le rythme des saisons ne change guère, sauf que la

---

[1] Aujourd'hui, la médecine prévient mieux les maladies, elle connait l'influence de molécules, les psychotropes comme tabac, alcool, drogue, les produits phytosanitaires, la pollution atmosphérique, les additifs d'aliments, voire la malbouffe, le stress, … sur notre biologie et notre santé.

révolution industrielle, au fil du temps, grâce aux sciences, à la contribution de matières premières du sous-sol, à l'électricité, à la métallurgie et à la chimie, a permis la création de machines suffisantes utilisant une autre énergie pour substituer l'énergie musculaire des hommes et des animaux, et le savoir-faire paysan, par une chimie artificielle pour faire croître plus vite, produire plus, protéger sans efforts les plantations, et parfois, substituer le soleil. Ce progrès a réduit le nombre d'heures pour produire le même bien, réaliser la même action, comme les labours, ou le battage du blé. Au sortir de la Seconde Guerre mondiale, les choses s'accélérèrent, le travail devient de plus en plus remplacé par les machines. Pour motiver le mouvement, on ose un mot-clé, *"productivité"*, c'est-à-dire augmentation de la production à activité humaine égale. On débarquait alors les tracteurs du plan Marshall, les engrais, tout ce qui permettait d'accroitre la productivité de l'agriculture, et il en fut ainsi. Les plans Marshall et Monet ont eu pour objectif d'atteindre l'indépendance alimentaire, puis même d'être en capacité d'exporter du blé. Le protectionnisme est révolu, mais cette recherche de compétitivité ne profite pas au niveau de vie des agriculteurs. Cette notion de la culture du blé est reprise dans cet essai au chapitre « plus de pétrole ».

Devant ce-dit progrès matériel continu, il demeure une extrême lenteur de l'autre progrès, celui de la connaissance de nous-mêmes, celui de l'humain perçu comme individu, ce tout indivisible d'une extrême complexité, parce que l'humanité continue à se satisfaire de choses matérielles simples. En même temps, l'homme vit dans un univers qu'il crût quasi immuable parce que les progrès ont toujours obéi aux mêmes lois que l'homme a lui-même érigées, que rien n'empêchait que tout change brusquement. Dans le monde dans lequel l'homme s'est habitué à vivre, car tout changement qui le bousculerait, démolirait l'édifice qu'il a bâti avec toutes ces forces disponibles depuis les temps anciens. En fait, depuis des siècles, le savoir humain sur les sciences progressait dans les premiers temps plutôt lentement, et suffisamment lentement que les hommes avaient tout le temps pour pouvoir l'acquérir. Alors qu'aujourd'hui, c'est l'inverse, tout s'accélère, le savoir, la recherche scientifique, les progrès techniques. L'homme a maintenant de plus en plus de mal à comprendre le monde technologique, qu'il en devient fasciné, esclave ou prisonnier. Si autrefois, un génie comme Aristote était capable d'embrasser une grande connaissance, aujourd'hui il faudrait une multitude d'Aristote appartenant à différentes spécialités et surtout capables de fondre leurs pensées individuelles en une pensée collective. Mais cette technique de la pensée collective pour fondre ces connaissances, demande intelligence et désintéressement. Peu d'individus y sont aptes, pourtant c'est bien celle-ci, cette intelligence collective[1] qui permettra de résoudre les doutes humains actuels.

Curieusement l'humanité n'a pas encore atteint la lassitude de la routine d'une vie qui serait teintée de la question pertinente du *"pourquoi cette foutue vie ?"*. De fait les gains de productivité sont en grande partie réinvestis dans l'appareil de production et non dans la

---

[1] Voir l'essai « *talents de la Cité de demain* » ISBN 978-2-322-18472-9

mise à disposition de davantage de temps libre pour les hommes. L'accroissement de la production se vit comme un progrès, une promesse de bonheur comme la direction naturelle prise par l'humanité, voire d'un dogme religieux, le *productivisme*. Il conduit par nécessité vers l'essor du *consumérisme*. L'homme vit sur l'avenir d'un demain, dans l'espoir continu d'une vie meilleure qu'il faut mériter, ou bien d'une vie de tricherie pour une plus grande idée qui le dépasse. Quelquefois dans une vie sans éclat, le temps porte l'homme tous les jours sans qu'il puisse s'en détacher, sans qu'il puisse distinguer le vrai du faux, cela dure. L'économie moderne pour survivre, a besoin de ce mouvement continu du temps, de cette croissance continue qui suppose l'accélération continue de la consommation matérielle. Cette modernité du monde repose sur la conviction bien ancrée, que la croissance économique n'est pas seulement possible mais qu'elle est absolument essentielle à l'humanité. Alors on admet que le capitalisme de marché est la seule manière efficace d'assurer une croissance pérenne.

Dans ce vortex accepté, il y a notre nourriture, notre agriculture, nos paysans. Avec ce progrès constant qui dépasse l'entendement d'un seul homme, en 2020, nous n'avons plus aucune idée de ce que sera notre monde en 2050. Pire, l'homme est toujours capable de pousser les forces de l'humanité au-delà de ses limites pour permettre la croissance ; or c'est là, la pierre d'achoppement insidieuse, cet envol provisoire pourrait être le germe de sa chute. L'énorme avance prise par les sciences de la Mécanique, de l'informatique et des Mathématiques qui permettent de construire nos machines convertisseurs d'énergie mécanique ou numérique, devient un des événements tragiques de l'histoire de l'humanité. Nous construisons de plus en plus de machines, chacune d'elles remplace toujours plus un de nos gestes, un de nos efforts, une de nos réflexions. Dans notre cerveau pourtant bien développé, toute notre connaissance se réduit à la seule conduite de ces machines, qu'elles soient mécaniques ou numériques. Comme produit d'une modernité marquée par le décalage entre ce que l'homme est capable de penser, d'imaginer, et pousser à l'extrême, tend à transformer les hommes et l'humanité, en machines. Imaginons un instant la voiture autonome, l'avion sans pilote, le tracteur sans paysan. L'humanité devient "Petite Poucette" décapitée de Michel Serres qui, en ouvrant son ordinateur, perçoit chacun de nous porter la tête de Saint-Denis sur ses genoux, non plus sur ses épaules, métaphore du smartphone comme réserve infinie de données et d'actions, et d'échanges d'informations. On protège et on honore ceux qui permettent la croissance à long terme et en même temps on démantèle et détruit les habitats écologiques, les structures sociales, les liens familiaux, les valeurs traditionnelles, tout ce qui gêne le capitalisme de marché. C'est précisément cela, au moment où la civilisation industrielle atteint son apogée qu'elle s'affaiblit davantage, qu'elle crée les conditions de vie que l'humanité ne cerne plus, celle d'une vie humaine devenant impossible qui engendre ce doute de *"pourquoi cette vie subie ?"*. L'alimentation aurait dû continuer à être une activité centrale dans toute société humaine en raison de sa nécessité biologique, de vie, de santé, et de son rôle charnière qu'elle joue dans notre vie sociale et culturelle. Or notre système alimentaire fait fausse route. Pour nous nourrir, nous avons mis en place en quelques décennies une organisation qui nous dépasse, sans vraiment plus savoir pourquoi elle est ainsi. Sans doute devenue trop vaste, trop complexe pour pouvoir être appréhendée aujourd'hui, elle devient une absurdité lorsque la production de la nourriture humaine s'éloigne géographiquement de la table de l'homme, lorsqu'elle sert à fabriquer du carburant, lorsqu'elle devient une monoculture étendue. Cela échappe à la raison et dans ce mouvement incessant, l'homme n'a toujours pas trouvé le repos qu'il aurait pu espérer avec les atouts et les gains de la technologie. Le système alimentaire est devenu tellement hypercomplexe que, quand adviendra la famine, on aura l'impression que quelqu'un aura dû foirer, à chaque fois, on l'accusera alors, et à chaque fois il nous promettra de faire mieux la prochaine fois. On oubliera rapidement le moment de la famine, les hommes continueront à être à l'affût de mieux, de plus grand, de plus exquis, comme c'est ainsi à chaque fois, pour le *"jour d'après"* après une crise ou une catastrophe. Pourtant, on le sait maintenant, le progrès scientifique et la croissance économique prennent place dans la biosphère fragile, et au fur et à mesure de leur essor, déstabilisent l'écosystème de l'humanité. La véritable vengeance du *"productivisme"*, de ce système à cette économie moderne, celle qui a été faite sans considérations pour l'humanité, sera un effondrement écologique. Cette débâcle[1] sérieuse provoquera cette fois-ci, la famine, la

---

[1] Le coronavirus, dit covid-19, n'est pas considéré dans ce cas de

ruine économique et des troubles politiques. Globalement, elle menacera l'existence même de l'humanité. Un jour *"le pourquoi cette chienne de vie ?"* s'élèvera, audible cette fois-ci, comme une colère, car quelque chose aura vraiment foiré. Cette colère prêtera son oreille à la raison, elle engagera définitivement le citoyen devant la débâcle. Le mérite de cette colère, colère juste qui s'insurge contre l'incurable, colère de l'estomac de l'affamé, ou réaction légitime face à une injustice, créera l'enjeu politique décisif en vue de la constitution et la cohésion d'un commun des citoyens. Cette colère, signe de l'implication nécessaire du citoyen dans sa communauté, sera le moteur et le garant d'une harmonie constitutive d'un sentiment et d'un témoignage de l'appartenance à l'humanité.

La difficulté ou l'obscurité dans laquelle est plongée l'agriculture actuelle n'est pas une raison suffisante pour la négliger. La mise en discours de changement par les politiques est une mise à mort du monde paysan parce qu'il ne peut pas être modifié de l'extérieur par des lois, des décrets, des normes imposées au monde agricole par quelques pontes de l'agriculture. Cette situation de criticités pourrait se révéler des plus en plus fréquentes. Le monde agricole ne peut se modifier que de lui-même. On ne peut pas imposer l'agriculture « bio » d'un coup de baguette magique car il faudra, au paysan, revenir à des méthodes plus manuelles du passé, bien oubliées, que j'ai connues avec mes parents. Le

---

figure – il s'agit d'une pandémie, qui a certainement une origine animale due à l'empiétement de l'humanité sur le monde animal – mais qui aura un effet dévastateur mondial, limité dans le temps 12 à 24 mois, contrairement aux effets du dérèglement climatique.

paysan ne peut pas être intégrer simplement dans le discours parce qu'il n'est pas maître de la puissance de la nature, de ses caprices, mais qu'il sait, car il en a acquis sagement ses repères, les cerner, les affronter.

> — *Toute loi sur l'agriculture venue de l'extérieur, est un danger mortel pour la paysannerie.*
>
> — *Tout comme le paysan n'est maître de la nature, les intellectuels ne sont maîtres de leur discours.*

Malheureusement pour ces tribuns, l'essentiel n'est pas dans le contenu de ces discours, mais dans l'intensité de l'échange provoqué par leur parole ; le paysan n'est pas dupe, même lorsqu'il échange longuement avec le Ministre de l'Agriculture. Toutes les méthodes doivent être utilisées ; le qualitatif est aussi vrai que le quantitatif. Les relations économiques qui s'expriment en langage mathématique ne possèdent pas une réalité plus grande que celles qui ne le sont pas. La réalité de l'agriculture n'est pas nécessairement claire ou simple car elle présente des formes variées. Tant que pour se nourrir au quotidien, il ne faille, pour le citadin, que descendre l'escalier de l'immeuble et trouver dans la rue, une épicerie ouverte à tout moment, le phénomène de la mort des paysans ne tiendra pas dans la facilité ou la difficulté de trouver à se nourrir, mais il doit être analyser, non pas de l'observateur et ses méthodes, mais du sujet, l'être humain, la détresse de son âme plongée dans la nuit obscure, ses souffrances quotidiennes devant les éléments et son maigre revenu, bien que tout cela ne soit pas mesurable. Il faut se contenter d'observer, d'écouter ce qu'on ne peut pas mesurer.

Chaque économiste, chaque agronome, grâce à leur déformation professionnelle, s'imaginent connaître parfaitement l'agriculture, le paysan, l'homme, l'artiste, tandis qu'ils n'en saisissent qu'une minuscule partie. Leurs vues fragmentaires sont considérées comme exprimant le tout, leur erreur consiste à effacer de l'inventaire une grande partie de la réalité. Ainsi ces sciences, économiques et agronomiques qui devaient tout nous apprendre de l'agriculture, finissent dans la simple hypothèse non vérifiée, leur lucidité sombre dans la métaphore, leur incertitude échoue et se résout par une œuvre d'art qui ne peut pour autant appréhender le monde. Etrangers à ce monde agricole, armés pour tout secours d'une pensée qui se nie elle-même dès qu'elle affirme leur raisonnement universel pratique ou moral qui veut tout expliquer, fait sourire le paysan. Ces étrangers au monde agricole n'ont strictement rien à voir avec l'agriculture. Comme la plus vieille noblesse du monde, il la regarde, comme un médecin au chevet du mourant, sans aucune volonté d'éternel, la maladie mortelle de l'agriculture, qui aboutirait à la mort de l'humanité et de *l'homo sapiens* sans plus rien après. S'il n'y a pas de lendemain qui inspire, cette absurdité éclaire.

Voici la raison profonde, notre époque voit renaître des paradoxes, des individus qui s'ingénient à faire trébucher les premiers raisonnements, dans la vivacité d'un espoir, spectacle de l'orgueil humain, émergence de doctrines philosophiques qui expliquent tout et qui appauvrissent tout en même temps, comme si le monde pouvait encore offrir quelque chose à l'existence humaine, une façon d'abolir la révolte du paysan et éluder le vrai problème. Le paysan n'est pas dupe, c'est un homme sans œillères, il est intelligent, il connait et maîtrise son art. Il veut seulement vivre dignement. A côté des systèmes réglementaires impuissants ou des conjectures de savants ou de philosophes, on retrouvera les résultats positifs de l'expérience et la sagesse empirique des générations passées de paysans et d'une multitude d'observations conduites avec l'esprit et parfois avec les méthodes de la science.

— Le paysan sait faire des choix judicieux !

En fait, la civilisation moderne se trouve en mauvaise posture parce qu'elle ne nous convient plus. Elle a été construite, guidée par le hasard, par des raisonnements subtils, par une sorte de clairvoyance, à la fantaisie des différentes découvertes scientifiques, des appétits des hommes aussi, de leurs illusions, de leurs théories, de leurs désirs. En général, les découvertes sont faites sans aucune prévision de leurs conséquences sur l'humanité, sur les hommes et leurs interactions, sur le social et l'écologie de sa biosphère. Les choix ne sont pas déterminés par la considération d'un intérêt supérieur de l'humanité, mais par une tendance d'une plus grande commodité, du moindre effort, du plaisir, dans une grande accélération continue d'innovations sans se demander comment ou si l'humanité supporterait cela. La construction des villes s'est faite pour satisfaire la révolution industrielle, sans égard pour ses habitants, dans une lutte forte et destructrice de l'individu que fut cette logique de l'éclatement de l'Etat dans la mise au travail des hommes dans les villes. Certes, on y habite pour le confort, le plaisir, le luxe. Mais on ne s'aperçoit pas que l'on pourrait momentanément être privé du nécessaire vital, c'est-à-dire l'alimentation car elle est toujours à portée de main quotidiennement. La révolution industrielle a vidé les campagnes à la faveur des villes, de ses usines, ses ateliers et ses services. Cette civilisation atteint son apogée, elle nous affaiblit, nous inquiète. Elle crée pour des raisons que nous ne cernons pas, des conditions où la vie elle-même peut devenir impossible. Les inquiétudes des habitants de cette civilisation moderne viennent certes des institutions politiques, économiques et sociales, mais aussi de leur propre attitude, de leur propre déchéance, de leurs propres convictions bien ancrées, d'un dogme mystique que la croissance économique n'est pas seulement possible mais qu'elle est le moteur de la civilisation moderne. Cet habitant place ce dogme au-dessus de lui-même comme valeur universelle qui devance sa destinée. Cet habitant agit quotidiennement au nom de cette valeur confuse, avec le sentiment qu'elle est commune et partagée avec tous les habitants. Que lui reste-il comme espace de mouvement ?

> *— Quelle liberté peut continuer à exister au sens vrai, lorsque tout est construit sur des préjugés, dans une telle vie de conformité ?*

Ces réflexions de l'urbanité, de la citadinité, de son histoire dans la mise au travail systématique des hommes, puis des femmes, puis de la séparation géographique entre l'habitat dans la Cité et le lieu travail contrairement au vrai sens de la ferme où tout était sur place ; puis entre l'enfant et la famille car il part pour les études ou le travail ; puis entre le mari et l'épouse car ils divorcent, on ne divorçait pas à la campagne ; puis entre l'adulte et le vieillard, alors qu'autrefois ils vivaient dans la même maison. Peut-on penser à demain, à un but à se fixer, à des désirs à assouvir, cela suppose la croyance à la liberté en dehors de tout dogme, même si on n'est pas sûr de ressentir cette liberté parce que nous sommes malheureux de confondre bien des choses qui dépendent de nous, de celles qui n'en dépendent pas. La liberté n'acquière ici de sens que du fait de son utilité, c'est à dire son effet sur l'état d'esprit. Que signifie le sens de la vie dans un tel monde ?

Il faut bien se rendre à l'évidence, en ville on ne voit pas les étoiles, car on est aveugle, car on ne sait pas. En ville, on nait dans des endroits coincés entre béton et bitume pour parodier Maxime Le Forestier, on ne peut pas avoir d'âme, ce n'est pas possible. On ne peut pas avoir de racines, on n'a plus de contact avec la nature, avec la terre, avec Gaïa. On nait dans cette civilisation où tout doit aller vite, où tout est dans l'instant, où on est branché en permanence avec le monde extérieur ou virtuel. On vit comme des enfants, il n'y a plus de sagesse, on est aliénés par les objets qui nous entourent, dans un monde où tous ces objets deviennent rapidement volontairement obsolètes. N'était-ce pas déjà Socrate qui s'exclamait « Que de choses dont je n'aurai jamais besoin ! ». Que dirait-il aujourd'hui ? On a perdu le sens de la vie, on a perdu le sens de la mort. Pire, car elle disparait de notre vie, on dissimule les morts, on en a peur ; autrefois on veillait les morts. La mort n'est pas devenue lointaine en raison de l'augmentation de l'espérance de vie, elle est devenue intolérable car la valeur de la vie humaine a augmenté dans l'inconscient collectif, on lui donne un sens amplifié qui fait disparaître la mort. Nous avons perdu l'ordonnancement de notre vie, la régularité de ses cycles, de ses saisons, la puissance de la nature. Le printemps où la nature s'éveille, ou l'hiver où la nature ne vit plus. Faut-il maintenant être assez sage pour accepter sa propre mort ? Le rapport avec la nature nous ramène à des sagesses antiques, alors il faudrait aujourd'hui réinventer une éducation à la nature, à la terre, aux astres, comme celle donnée aux enfants d'autrefois ; c'est une nouvelle éducation, il faut s'efforcer à comprendre que le temps est long, enseigner qu'il faut prendre le temps pour tout, se rendre compte de la puissance de la nature, toucher la réalité de la régularité des cycles afin d'affronter notre propre cycle de vie et de mort. Comprendre que l'on est vulnérable. Aujourd'hui on est aliéné au *consumérisme*, pire, on est aliéné de ne pas savoir que l'on est aliéné. Peut-être déjà si on s'en rendait compte, cela serait un premier pas vers la sagesse. Peut-être que notre système combiné, *productivisme, consumérisme*, ne tient debout car ses leaders nous font peur, ils nous disent, *"les gars, c'est le statuquo ou bien le chaos"*. Alors pourquoi se révolter puisque ces valeurs sociales sont assimilées par nos gènes, dans la nature humaine.

Malheureusement les villes ont atteint leur taille critique, les villes sont toxiques, les villes invitent, incitent à la surconsommation. Si les transports s'arrêtent un instant, c'est la famine qui attend les citadins en quelques jours. Les villes ont été construites depuis des siècles pour favoriser la révolution industrielle, cela se poursuit. On y nait sans plus de racines, entre béton et bitume et on a peur de la mort. On n'a pas d'idées comment l'alimentation est produite. On ne sait pas que la campagne existe, ou bien, on pense que c'est un autre monde, un autre mode de vie, là où il y a la puissance de la nature.

La ruralité, elle est géniale, il y a un génie du milieu, quelque chose de puissant, il y a des racines dans le sol qui fait pousser notre alimentation. Souvent ceux qui sont nés en ville recherchent leurs racines, ou leurs origines, à la campagne, dans une forme de reconnaissance, d'identité, de droit du sol, de fierté, mais lorsqu'ils y mettent les pieds, ils ne veulent entendre les coqs, les cigales ou les cloches des vaches ou de l'église, ils ne veulent pas sentir l'odeur des fermes, ils bousculent même les paysans sur leur lieu de travail, c'est-à-dire dans leurs champs, parce que, parait-il, ils travaillent mal. Cette soif d'identité et cette captation de l'identité de l'autre est particulièrement décelable au fait que jamais les urbains ne se revendiquent comme un groupe. La seule revendication de leur existence sociale est celle de leur appartenance à l'autre, au paysan, et de leur désir de leur insatiable de participation à tous les signes de son organisation sociale. La révolte du paysan peut naître du spectacle de cette oppression dont il peut être victime, alors qu'il exigeait pour lui-même le respect, dans la mesure où il s'identifie à la même communauté. La France est maintenant devenue un monde néo-idéal construit entre béton et bitume, mais en même temps, secrètement, la France est géniale d'une tradition rurale, la France est vivante par son histoire, la France est accueillante par sa géographie. Ceux qui sont nés en ville se reconnaissent à une identification psychologique, subterfuge par lequel ils se sentiraient en imagination appartenir à ce monde rural pour vouloir être autres qu'ils sont. Ce décalage intellectuel alimente le sentiment de souffrir d'un déficit de la culture passée, de la disparition de la sagesse des anciens, de l'effondrement des traditions. Sommes-nous encore civilisés selon les conceptions que nous avons eues de la civilisation, conceptions formées dans une longue succession de traditions enracinées ? Ou veut-on seulement aimer la ruralité en général comme un idéal abstrait, par pauvreté de cœur, pour ne pas à avoir à aimer les paysans en particulier ? Comme on aimerait cheminer en Inde ou en Afrique, cerner leurs cultures, leurs traditions, mais ne jamais avoir à rencontrer un paria hindou ou un primitif africain parce qu'il n'aurait pas les mêmes idées que nous. C'est une ambiguïté entre l'idéal que l'on désire et le monde qui déçoit. La ruralité et le paysan, ne sont-ils pas ainsi perçus par le citadin, tout au moins, le paysan l'a compris ainsi, mais il en demeure indifférent, mais avec le sentiment complexe de fierté d'être source primaire de leur vie, car le seul capable d'appréhender l'agriculture et de produire l'alimentation. Désormais, dans ce manque de communication, le paysan se sent de « l'autre côté » dans un monde extérieur, en route vers une chute, dans le fond, le néant.

Vision égoïste et unidimensionnelle qui cache une réalité beaucoup plus complexe de constituants hétérogènes et paradoxaux inséparablement associés, l'agriculture est devenue aujourd'hui hypercomplexe, car dans ce fouillis moderne, des machines agricoles coûteuses et des produits chimiques inévitables l'aident à produire notre alimentation, mais avec quel revenu ? C'est là tout le débat, la nécessité de mettre de l'ordre, d'écarter l'incertitude, de sortir de conclusions de spécialistes ignares ou bornés et aussi, de monopoles politiques d'hommes des villes qui prétendent tout savoir de l'agriculture. Et tout d'abord, il faudrait faire le bilan des traditions sur lesquelles nous avons jusqu'ici vécu plus ou moins consciemment et construit notre civilisation. Il n'y a plus de sol ferme dans cette réalité élémentaire et simple de la terre, il n'y a plus de savoir empirique, mais une base logique de calculs scientifiques. Il n'y a plus le temps fondamental des cycles de la nature comme entité absolue, mais sa contraction comme si le citadin, avec la vente forcée de machines et d'engrais, empiétait dans l'organisation du travail du paysan et sa gestion quotidienne car il y aurait nécessité évidente de nourrir la planète. Toute l'épaisseur de l'agriculture traditionnelle est minée de calculs spéciaux, sa tranquillité est ébranlée, son quotidien perd son caractère absolu, on voit toutefois poindre de timides alternatives encore marginales dans l'agriculture dans un retour aux racines. Le paysan est occulté, ignoré, rejeté, le socle de ses connaissances est fissuré. Mais jusqu'où le paysan pourrait-il encore désobéir à cette révolution technique engagée depuis soixante-dix ans, où le processus de changement fondamental est déjà entamé ? Pourtant il sait que l'essence de son art, de son œuvre est l'énergie solaire, c'est son énergie maîtrisée qui lui permet son art de paysan, cette énergie qui descend sur terre, sur ses plantes et leur permet de pousser. En mangeant ces plantes, cette énergie pénètre le corps du paysan, celui de ses animaux, enfin le corps des citadins et nous permet de tenir debout. Toutes les sources d'énergie d'aujourd'hui, hydraulique, éolienne, charbon, pétrole, viennent également du soleil. La science moderne regarde cette substance végétale que l'on nomme chlorophylle comme étant le siège du pouvoir sacré. Le paysan est ce magicien qui capte l'énergie solaire, qui fait monter les plantes et les arbres tout droit contre la pesanteur, et qui s'offrent à nous ; il transforme l'énergie du soleil en nourriture et en énergie. Le travail du paysan consiste à servir la vie de l'humanité entière, responsabilité multimillénaire qu'il maîtrise. Il y a une poésie qui entoure le travail de la *"Terre"* sans laquelle il ne serait d'une monotonie qui conduirait facilement à l'abrutissement, au désespoir, ou à la recherche de satisfactions grossières. Car le manque de finalité de l'agriculture serait le malheur de la condition humaine, car l'homme s'épuise au travail, il mange pour avoir la force de travailler. La science moderne l'a certainement libérée d'efforts du dur labeur qu'il devait fournir, grâce aux convertisseurs d'énergie, ces machines agricoles ; toutefois la poésie qui entourait ce travail des champs, est rompue, elle tombe dans le manque de finalité de l'humanité, le *"Pourquoi cette vie ?"* La révolution industrielle a transformé la façon paysanne de produire l'alimentation et a déblayé le terrain de la ruralité, de sa richesse, de ce pays pourtant si riche de trésors ignorés, mais dont la face éclairée reflète la platitude technocratique. Le paysan devient un néo-esclave et d'une certaine manière, on exige de lui un comportement que l'on peut prédire comme à celui d'une machine. Il devient un robot qui nous nourrit en produisant une alimentation. Le paysannat meurt.

On émet l'hypothèse de la valeur intrinsèque de l'énergie mais la politique du tout-pétrole qui tient compte du facteur prix ne considère guère son épuisement. Ambigu, cette agriculture qui depuis 12 000 ans a été la source de l'énergie vitale de l'humanité, hommes et animaux, est derechef confrontée à un tout nouveau défi, en plus de fournir ces aliments qui nous nourrissent, alors qu'elle est déjà depuis plusieurs décennies fortement dépendante et consommatrice des combustibles fossiles (306 pétajoules en 2013[1]) pour sa production alimentaire, on exigerait maintenant d'elle, de pouvoir réduire notre dépendance énergétique à l'égard de ce pétrole qui s'épuise, car, comme elle sait stocker l'énergie solaire dans les plantes, elle pourrait ainsi produire de la bioénergie[2]. C'est un paroxysme, alors que la surface agricole diminue[3] à cause de l'urbanisation dû à l'accroissement de la population[4], dans l'équilibre précaire voire conflictuel du flux tendu entre l'alimentation source de vie biologique humaine et

---

[1] En 2013 ≡ 306 PJ ≡ 85 TWh ≡ 10 réacteurs nucléaires ≡ 7.3 Mtep

[2] C'est déjà le cas où elle occupe 3% de la surface agricole de céréales et de plantes sucrières. *Les ressources utilisées pour la production d'éthanol d'origine française à 92%, sont, la betterave à sucre (24%), le blé (40%), le maïs (31%). Ainsi 1,3 milliards de litres ont été produits en 2017 (60 milliards aux USA, 30 milliards au Brésil). On le trouve à 5% dans le SP95, 10% dans le SP95-E10 et de 65 à 85% dans le E85.*

[3] En France, réduction des surfaces agricoles de 17% en 60 ans

[4] En France, augmentation de la population de 47% en 60 ans

animale, et la production de carburant pour nos convertisseurs d'énergie. C'est un défi plutôt singulier pour l'humanité et une gageure héroïque de sécurité alimentaire.

> *— Qu'en sera-t-il alors de l'avenir de l'agriculture, du paysan et de la ruralité ?*

IV

– 12 000 ANS D'AGRICULTURE –

L'*homo sapiens*

Il y a entre 250 000 et 450 000 ans, un bipède intelligent, notre ancêtre, eut la capacité intellectuelle d'apprivoiser le feu, combustion connue du bois avec l'air. Ce fut très certainement un des tout premiers joyaux du principe de la recherche scientifique. La suite fut possible, la transmission de générations en générations de ce "secret" eut lieu, il ne présentait probablement guère de difficultés pour cet ancêtre sinon une volonté évidente de l'enseigner, il devint un premier savoir-faire empirique ainsi transmis. Par chance pour favoriser cet échange de savoir-faire, et grâce à une curiosité singulière de la biologie animale, ce bipède était un quadripède qui se redressa pour ses raisons de survie, le larynx de cet homme se modifia au fil du temps en changeant de position dans la gorge ; il acquit grâce à cela, la parole il y a 150 000 ans, tout au moins il pouvait générer différentes vibrations avec ses cordes vocales. Cela permit, grâce à une autre singularité du cerveau de notre espèce, de mettre au point les premiers moyens de communication bien supérieurs à celui des autres animaux, ainsi, sur la Terre, l'homme se distingua par cette capacité. L'humanité se construisit de proche en proche, par une multiplication sans limites, de rencontres, d'échanges, de transmissions de savoir-faire. Cela permit, grâce à l'amélioration du langage, à des échanges de pensées, de discussions, de réflexions entre ces premiers hommes. Pour progresser, ils mirent au point un outil, la raison, cette faculté intellectuelle par laquelle l'homme connaît, juge et se conduit, et acquière le bon sens et la sagesse. Déjà l'écriture née il y a seulement 6 000 ans, permit de compléter tous ces progrès humains et d'archiver la pensée des auteurs et afin d'être lue plus tard. L'agriculture avait déjà commencé son œuvre dans ledit croissant fertile 10 000 ans avant JC, et s'étendit au fil des millénaires vers d'autres contrées, vers l'Est, la Chine, le Sud, l'Afrique et le Nord-Ouest, l'Europe, en les modelant à leurs activités.

Le paysannat

Dans les civilisations anciennes, médiévales et modernes, les paysans étaient les agriculteurs leurs activités n'étaient pas mécanisées, ou très peu. Le travail était surtout manuel, utilisant la force des hommes et des animaux. Le type de production alimentaire variait de région à région à l'intérieur de l'Europe, selon le territoire, le type de terrain, la géologie, l'ensoleillement, la situation près des voies permettant le transport, fleuves, mers. Les caractéristiques de cette classe d'agriculteurs la distinguaient d'une part des cueilleurs ou des pasteurs, et d'autre part des propriétaires terriens ou des ouvriers agricoles, par leur propre art de l'agriculture qu'ils développaient par leur savoir-faire. Ces caractéristiques peuvent être considérées comme existant depuis de très longues périodes depuis les premières migrations à partir du croissant fertile dans cette période néolithique, dans les différents pays formant l'Europe. Les systèmes politiques pouvaient être très différents, mais ils n'influençaient pas vraiment le type d'agriculture. Le découpage chronologique repose sur des phénomènes inégaux de ruptures technologiques, économiques et sociales, à une période où une partie du monde entrait dans l'Histoire avec l'invention de l'écriture dans les cités-états du Proche-Orient. Le IVe millénaire avant notre ère est caractérisé en Europe par une emprise plus forte des populations locales sur leur milieu naturel. L'agriculture et l'élevage sont en plein essor et sont marqués par l'introduction de l'araire et de la roue. Au IIIe millénaire, l'emploi du métal s'intensifie, d'abord dans le sud de la France, puis à la fin de la période dans le nord. Le IIe millénaire voit s'affirmer la pratique de la métallurgie et la diffusion du métal, ce qui entraîne de profondes répercussions sur l'organisation de la société. Enfin, à l'aube du Ier millénaire, avec l'apparition du fer, les réseaux d'échanges mis en place s'effondrent ou se réorganisent au profit d'une nouvelle donne économique et sociale.

L'homme, par la maîtrise de l'outillage puis par la production de ses ressources alimentaires, a toujours accru son emprise sur les milieux naturels au gré des croissances démographiques et des développements technologiques. Le prélèvement de ressources naturelles minérales, végétales et animales crée systématiquement un déséquilibre susceptible de provoquer ou d'accélérer une transformation du milieu environnant. Cette ingérence humaine est loin d'être négative, au point que nombre de milieux naturels riches le deviennent grâce à son action. En effet, les modifications apportées ont souvent entraîné une augmentation de la biodiversité. Vers 10 000 avant JC, le réchauffement climatique marque la sortie de la glaciation précédente. Cette modification climatique majeure engendre une remontée du niveau marin, qui se stabilise. Le couvert végétal change petit à petit au détriment de la steppe antérieure. La forêt, d'abord composées de pins, évolue vers une chênaie mixte. Le couvert végétal s'adapte au contexte local, zones alluviales, versants, plateaux, côtes maritimes et à la nature des sols, terrains sédimentaires, socles anciens. La faune est en partie tributaire de l'évolution de cette végétation. La situation, grâce à l'adoucissement climatique, évolue vers les débuts de l'agriculture qui nécessite l'ouverture des surfaces aux cultures. Les premières populations sédentaires modèlent leur milieu naturel pour sortir d'une économie de prédation vers une économie de production de ressources alimentaires. Ce qui créera une première rupture dans les rapports entre l'homme et son milieu. Des défrichements importants ont été effectués tandis que des forêts étaient conservées. L'agriculture, en rupture avec l'écosystème naturel, entame une lente transformation du milieu et devient la nouvelle clef de voûte d'un complexe écologique. Le paysage évolue vers un système de culture qui déséquilibre le biotope, modification des formations superficielles, de la flore, de la faune. Le milieu naturel devient une création humaine et le restera jusqu'à aujourd'hui. Cependant l'homme gère intelligemment sa Terre afin d'éviter l'épuisement de ses sols. L'ensemble du terroir voit apparaître un système de division des parcelles par des haies, des talus de terre ou de pierres et des fossés que l'on retrouvera encore il y a quelques décennies avant que des remembrements récents n'en suppriment une grande partie. Ainsi, avec la création de ces premières parcelles au IIe millénaire se développe l'utilisation des labours à l'araire, la rotation des cultures avec l'alternance de périodes de jachère et de celles de mise en culture, et l'emploi de la fumure ou pour les zones de littoral, d'engrais marins comme le varech ; tout cela entretient une bonne fertilité des sols. Une meilleure maîtrise de l'espace agraire et l'utilisation de nouvelles pratiques agricoles avec une agriculture associant simultanément plusieurs végétaux dans une même parcelle, apportant de grands avantages dans les conditions climatiques difficiles aux IIe et Ier millénaires av JC. L'alimentation humaine se modifie, elle devient plus variée ; les céréales occupent une meilleure place. Orge et blés divers se consomment sous forme de bouillies, d'autres blés, en pains. Les légumes sont peu communs. Les pois et les lentilles constituent les cultures potagères en complément alimentaire. Il y a en plus, la cueillette de végétaux sauvages, noisettes, prunelles, … qui participent aux préparations alimentaires. Enfin, lorsque la période de récolte est médiocre, on consomme des glands. Avec l'alimentation végétale, on trouve celles d'alcools de fabrication naturelle (prune, orge, ivraie ou miel) ou de psychotropes (pavot et certains champignons). L'agriculture constitue une des activités principales bien établie des populations déjà avant notre Ier millénaire, même si la cueillette et la chasse continue. L'économie paysanne était une économie dans laquelle la grande majorité de la population se composait de familles qui prenaient soin des cultures et des animaux d'élevage sur leurs exploitations individuelles. La principale fonction de production dans ces fermes familiales était de fournir les besoins de subsistance à la famille elle-même.

> *— Une société composée de rien d'autre que de paysans est, sinon inconcevable, mais absente de l'histoire.*

La fonction primaire de la production agricole était de fournir les besoins de subsistances à la famille. Dans cette société, on trouve cependant les services, forgerons, potiers, et les intermédiaires. En même temps, les paysans eurent à soutenir l'aristocratie, les curés, les artisans et les marchands qui n'avaient rien à voir avec la production agricole. Les paysans produisaient plus que ce qu'ils consommaient eux-mêmes. Les productions dans la zone de la Méditerranée différaient de celles du Nord de la France, ou d'autres régions d'Europe du Nord, entre la production de vins ou d'huile d'olive et la production de céréales. Si les paysans utilisaient la houe pour labourer les champs, la charrue commença à être largement utilisée, tirée par des animaux de trait, des bœufs. Les autres animaux domestiques comme les porcs, les chèvres, les moutons et ceux de la basse-cour, produisaient le lait, le fromage et la viande. L'agriculture paysanne était composée de cultures et d'élevage dans lesquels le pâturage pour les animaux était aussi nécessaire que les terres cultivables pour les céréales. L'équilibre entre pâturage et labours dépendait de multiples conditions, naturelles, pression démographique et traditions locales. La ferme était tenue par la famille, du grand-père aux petits-enfants. Au XIXᵉ siècle, on relève de grosses fermes jusqu'à 30 hectares tenues par dix personnes d'une même famille et d'un à deux ouvriers agricoles. Elles sont plus grosses que les fermes du XIIIᵉ, qui avaient des surfaces de 8 à 12 hectares pour les plus grosses. Sur ce millénaire l'agriculture n'évolue que très lentement. La vie paysanne était un rassemblement de familles dans de larges communautés de hameaux, de villages. Il y avait des fermes dispersées éloignées les unes des autres. La solidarité paysanne est un fait bien connu dans l'histoire sociale médiévale. Déjà pour se protéger de l'extérieur contre des envahisseurs ou des oppresseurs. On peut se rappeler ces hommes qui partaient en croisade en Terre Sainte, qui n'hésitaient pas à piller, sans vergogne, les villages au fur et à mesure de leur avancée. Mais aussi, dans l'organisation les services qu'ils devaient fournir à leurs seigneurs, ou le paiement de la dîme pour l'église ou le paiement des impôts pour le roi, ou le prince ou ses fonctionnaires.

La civilisation agricole

Trois thèmes sont inhérents à l'agriculture [énergie, agriculture, Cité]. Ils maillent patiemment depuis toujours, et surtout, après la disparition de l'empire romain au Vᵉ siècle, notre civilisation actuelle, et la vie de la France. L'empire romain s'effondre en 476 après

J.C. et marque le début du Moyen-Age. Les Barbares ont vaincu Rome en chassant du trône, Romulus Auguste, un adolescent de quinze ans. Clovis est roi de 481 à 511. Il se convertit au catholicisme en 496 pour gagner l'appui du clergé catholique très influent auprès de la population gallo-romaine qui le soutiendra dans sa lutte contre les autres rois, Clovis devint donc, parmi les Barbares, le premier roi catholique ; ainsi se forma petit à petit la France après la chute de l'Empire romain, un pays essentiellement agricole jusqu'à l'apparition du monde ouvrier de la révolution industrielle au XIXe siècle.

Autrefois la société paysanne n'était pas la plus primitive. Elle était issue de sociétés plus anciennes, organisées en tribus, qui avaient déjà à la fin de la préhistoire évolué en clans régnants. Elle possédait des serfs, regroupait des spécialistes, comme forgerons ou potiers, mais aussi des prêtres et des soldats. Ces paysans devaient soutenir les aristocrates, les prêtres, les soldats, les artisans, les marchands, ... Par conséquent ils devaient produire plus que leurs besoins de subsistance de leur famille installée dans la ferme, et l'excédent était transféré directement ou par le marché, à ces autres groupes sociaux. L'agriculture aujourd'hui, continue, dans fonction originelle, à nourrir l'humanité. La lecture ordinaire de documents relatifs à l'agriculture permet de cerner l'idée de l'émergence récente d'une situation de l'agriculture devenue complexe. Le livre *« la vie d'un simple »* d'Emile Guillaumin décrit une vie paysanne du bourbonnais entre 1823 et le début 1900. On note à ce moment, l'apparition de la mécanisation agricole et la production d'engrais chimiques, comme la chaux, pour améliorer les cultures et le travail de l'agriculteur. Il évoque très peu l'exode rural qui pourtant, existe. Il évoque ces gens qui travaillaient à la ville qui venaient les voir. On leur sortait le grand jeu pour les recevoir, avec certains détails amusants de sacrifice de leur réserve de nourriture. Le livre relate une vie fruste, l'incertitude des récoltes, la dépendance à l'égard des maîtres, une vie du petit peuple des métayers également soumis au curé prêchant la résignation morale et l'ordre, une vie où on ne peut que survivre. Ailleurs, des lettres de maires de petites communes de la Manche remises au Préfet dans les années charnières de 1850, évoquent ce principe de l'exode rural vers les villes, ils se plaignent de la disparition de la main d'œuvre agricole, et leur départ pour les villes pour devenir domestiques ou ouvriers. Comme le relate Emile Guillaumin, ces petites fermes de la période n'avaient pas d'autosuffisance alimentaire, les familles de métayers et fermiers mangeaient très mal, souvent leur pain noir rassis, alors que les riches mangeaient du pain blanc. Avec l'utilisation des premiers engrais, souvent décriée par leurs maîtres pour leur coût élevé, on put chauler les champs, et le début de mécanisation, comme l'utilisation des batteuses, permirent l'amélioration des revenus grâce à une meilleure production agricole, et l'amélioration de la qualité des repas quotidiens.

La révolution de 1789 fut une grande secousse. L'économie bascule d'une société économique qui reposait essentiellement sur l'agriculture et l'artisanat vers un monde nouveau dominé par les machines, ces convertisseurs essentiels d'énergie, et la production industrielle à grande échelle. Il s'est agi de la plus profonde mutation de la société qui n'ait jamais affecté l'humanité depuis le Néolithique. Les révolutions techniques successives commencées en Angleterre dans la deuxième moitié du XVIIIe siècle, furent les éléments déclencheurs. La révolution industrielle fit naître des villes tentaculaires, des cheminées fumantes, des mines dans la plaine, des machines tournant dans un bruit d'enfer, et partout, venant des campagnes, des travailleurs trainant leur misère, foules abruties à l'ouvrage, prolétaires, citoyens de dernière classe, utiles pour leur seule force musculaire et leur descendance. Au fil du temps les usines engloutissent les masses humaines que cette révolution industrielle a fini par jeter hors des campagnes et qui viennent, avec femmes et enfants, vendre aux patrons, leur seul bien, la force musculaire de leurs bras, pour des journées de douze à quinze heures, toujours les mêmes gestes répétés tous les jours, sans temps mort, sans congés, dans la froideur de l'hiver ou la touffeur de l'été, le vacarme des machines, la saleté de l'huile, la puanteur des fumées, à respirer les poussières, sous les ordres d'un contremaître qui exige des cadences toujours plus élevées, pour un salaire de misère.

En ces mêmes temps, la vie des paysans est rude, nourriture monotone, le travail à la ferme est physiquement éprouvant, l'habitation est réduite souvent à une seule salle accolée à l'étable pour profiter de la chaleur dégagée par les animaux. A la campagne, contrairement à l'usine, le paysan dispose du temps, il prépare le cycle des saisons, il organise ses journées en fonction de la lumière du jour, avec ses plages de repos.

L'ouvrier par contre, est abruti de travail, il ne peut plus réfléchir, il n'a plus le temps, car il doit travailler sans cesse pour manger. Le paysan, malgré les difficultés de travail, de dureté des cycles de la nature, prend le temps de réfléchir. Il se rend bien compte que la mécanisation et les engrais l'aident à améliorer ses rendements de récolte, mais ils libèrent des bras de la ferme, il observe la disparition de la main d'œuvre agricole vers les villes auxquelles il peut fournir ses récoltes. On installe le chemin de fer avec des trains qui charrient les récoltes. Les fermes peuvent prospérer.

<u>L'agriculture aujourd'hui</u>

Paradoxalement en 2020, deux siècles après la révolution industrielle, une situation indécente d'insécurité alimentaire persiste en France pour douze pourcents de sa population. Elle se traduit par un accès insuffisant, en quantité et en qualité, à une nourriture saine et acceptable pour huit millions de français. *"Manger pour vivre"* reste le quotidien qui frappe deux Français sur cinq. Parmi ces personnes, on trouve un grand nombre d'étudiants, dont l'ascenseur social de ces jeunes démunis, est grippé. En fait, il ne s'agit pas d'un problème de disponibilité de produits alimentaires mais d'un problème d'accès aux marchés, de pouvoir d'achat et de pauvreté. Les personnes en insécurité alimentaire consomment encore moins de fruits et légumes que les plus pauvres. Pourtant on tente de sauver ce qui est sauvable de l'agriculture à coup de lois, de plans. Par exemple :

Le 27 juillet 2010 est promulguée la loi de modernisation de l'agriculture et de la pêche, cette loi définit les objectifs de la politique de l'alimentation qui doit viser :

— *À assurer à la population l'accès, dans des conditions économiquement acceptables par tous, à une alimentation sûre, diversifiée, en quantité suffisante, de bonne qualité gustative et nutritionnelle, produite dans des conditions durables.*

En 2011 est mis en place d'un Programme National de l'Alimentation. Il a l'ambition d'être un plan d'action interministériel, qui vise entre autres à :

— *Faciliter l'accès de tous à une alimentation de qualité permettant notamment d'améliorer l'alimentation des populations démunies, aussi celle des usagers de la restauration collective*

— *Améliorer l'offre alimentaire au travers d'objectifs d'engagement collectif de qualité et en développant les circuits courts et de proximité*

— *Améliorer la connaissance et l'information sur l'alimentation en mettant en place les classes du goût*

— *Préserver et promouvoir le patrimoine alimentaire et culinaire français.*

Ensuite, beaucoup d'intentions des ministères :
2014 : Loi d'avenir pour l'agriculture l'alimentation et la forêt. Cette loi introduit la notion fondamentale, du PAT (Projet alimentaire territorial) avec la pertinence de l'échelon local :

— *Visant à rapprocher les producteurs les transformateurs les distributeurs les collectivités territoriales et les consommateurs dans une relation partenariale ou contractuelle, conciliant des objectifs de développement de l'agriculture sur les territoires et de qualité de l'alimentation répondant aux attentes des consommateurs.*

2014 : Lancement du Pacte national de lutte contre le gaspillage alimentaire.

2014 : Déclaration de Rennes en faveur des systèmes alimentaires territorialisés.

— Leurs objectifs sont de valoriser les produits dans des filières de proximité, de privilégier une agriculture familiale, des réseaux agro-alimentaires et des circuits alternatifs de commercialisation permettant de mieux partager la valeur créée, d'inventer de nouveaux modèles de production respectueux de la santé des consommateurs et intégrant une bonne gestion des ressources naturelles tout en limitant l'impact sur l'environnement et les pertes et gaspillages tout au long de la chaine alimentaire. Son originalité réside principalement dans la configuration et la gouvernance participative soucieuse d'équité.

Depuis les années 1970, les grandes surfaces alimentaires là *"où on achète la nourriture"*, ont connu un développement et une concentration progressive sans précédent, les deux tiers de ventes d'aliments se font dans ces grandes surfaces de type hypermarché ou supermarché. En région parisienne, elles distribuent les deux tiers des fruits et légumes consommés par les Franciliens. Pour les autres lieux de ventes, un cinquième par les détaillants, et un vingt-cinquième par les producteurs agricoles. La grande distribution est devenue en cinq décennies, l'acteur majeur de l'approvisionnement alimentaire des villes, et nous y avons pris nos habitudes. La ville se définit avant tout comme une communauté humaine dont la caractéristique fondamentale est de ne pas avoir dans la majorité des cas, d'agriculture à l'intérieur de ses murs. La ville dépend pour son approvisionnement alimentaire, de territoires plus ou moins éloignés de ses murs. Toutefois, ce rayon d'approvisionnement peut varier, en fonction de la manière dont est structuré son système alimentaire. Il y a un débat moderne quelquefois d'argument politique et économique qui promeut le localisme, terme souvent galvaudé par une orientation démagogique ou militante de la politique ; l'agriculteur pour assurer ses revenus, devrait pouvoir vendre ses productions sur un rayon donné – fixons-le à cent kilomètres comme ordre de grandeur, ou mille kilomètres comme diagonale de la France pour certains produits typiques, le camembert, le beurre, le vin de Bordeaux, ou l'huile d'olive, car depuis l'avènement du chemin de fer, cela est devenu possible. Tout cela paraît ici, sacrifié au gratuit, l'exigence de clarté est escamotée par les lois de la nature, elles se retournent finalement contre elles jusqu'à ne plus laisser de place à l'espoir. Tant de lois, tant d'idées, tant de décrets, et le sacrifice de l'agriculture se poursuit.

Va-t'en, qui la Terre !

Le paysan est révolté, car il est le résidu restitué de l'expérience du monde, car il est l'échec de l'absurde critère d'un autre monde, la citadinité. Entre le sacrifice gratuit et la nostalgie révoltée, il n'y a plus d'équilibre, le paysan continue à vivre de ses maux ; son cri de révolte rallie une adhésion forcenée, dont sa seule certitude est de diviniser la passion pour son art. Efforts souvent désespérés lorsqu'il en aperçoit, par un subterfuge torturé, sa fatigue injuste, à la fin de sa journée ou à la fin de la saison, sans revenu. Tout l'effort de son intelligence est d'échapper à une condition humaine imposée, pour trouver la paix, une paix, quand le cycle ordonné ou imprévisible de la nature le lui permet. Le paysan est révolté, car son intelligence étouffe ses revendications. « *Pourquoi cette vie ?* » puis il reprend sa fourche, sa houe, ou sa faulx et repart à l'œuvre là où il l'avait laissée, en criant, en hurlant au fond de son cœur, peut-être en considérant à nouveau l'option que tout s'arrangera un jour prochain. Alors il ira parler à ses animaux les yeux dans les yeux, comme le cultivateur autrefois, parlait à son cheval qui, seul souvent, savait l'écouter tout en marchant ; il considérera à nouveau le soleil, le vent, les nuages, tout ce tourbillon de passions dont lui seul connaît le fond des choses et qui répond à son doute sur « *pourquoi cette vie ?* ».

Je me souviens encore mon père, au cul du tonneau de cidre, dans la pénombre du cellier où seule une toute petite surface du sol en terre battue était éclairée par l'entrebâillement de la porte, assis sur son tabouret, matériel récupéré de la deuxième guerre comme tant de choses utiles dans son bric-à-brac sur le vieux pressoir inutilisé depuis longtemps, il se baragouinait à lui-même, à haute voix inintelligible, ses mots trahissaient une émotion, un mécontentement. Je l'entendais, troublé comme à chaque fois, par pudeur, je ne souhaitais pas discerner ses mots. C'était son secret. Pour le rejoindre, je faisais mine d'arriver à l'improviste bruyamment, il me proposait une sellette qu'il fabriquait avec une branche taillée car elle présentait un départ de trois banches pour former le trépied, et une planche clouée dessus, facile à transporter, elle servait aussi pour la traite des vaches ; il m'offrait un verre, voire deux, voire trois. Là on buvait sans soif son cidre qu'il appelait cidre de boisson, et on buvait en se passant le même verre, toujours le même pendant des semaines sans être lavé, il reposait à l'envers sur la cale de la trappe du tonneau. Il ne disait plus rien, ses pensées secrètes continuaient. Je n'ai jamais su ce que mon père pensait, ses silences m'impressionnaient, peut-être ne l'aurait-il pas su me l'expliquer ou bien tout simplement aurait-il résumé cela à cette question, après un temps d'arrêt *« pourquoi cette vie ? »*. Je ne lui ai jamais posé la question, je le regrette aujourd'hui. Posait-on ce type de question à un père de cette génération où le respect de l'ancien était sacré ? Que pensait-il vraiment ? Se rendait-il compte qu'il avait vécu le moment historique de la rupture de l'agriculture sans pétrole, qui avait débuté il y a 12 000 ans et qui finissait avec l'arrivée intensive d'une mécanisation extraordinaire de la démesure de la nature ou de l'hybris de l'homme qui devenait héros perché sur ces machines, dans une course à celui qui aurait le plus gros tracteur. Il est parti il y a deux décennies et demie avec son secret, il est parti trop tôt pour me faire des confidences sur ses secrets. Il m'avait soufflé un jour, j'avais quatorze ans : *"Va-t'en, quitte ce travail de la terre, cette ferme, va travailler dans les bureaux !"* sans qu'il ne sache ce que signifiait *"travailler dans les bureaux"* sinon le confort, le repos et le temps libre, mais il devinait implicitement qu'un ordre supérieur contraignait le métier de paysan. Pourtant la tradition paysanne lui donnait la force du pouvoir du père sur ses enfants, de décider de rester à la *Terre*.

Enfant, je savais cette règle comme inscrite dans l'institution des paysans, celle de m'obliger à rester ou pas à la *Terre*. Ou bien se taisait-il, abandonné à un désespoir où cette condition qu'il avait choisie en montant cette ferme après deux décennies comme ouvrier agricole, même s'il la jugeait injuste, était acceptée. Ainsi en se taisant, il conservait sa fierté et laissait croire qu'il ne désirait plus rien d'autre.

> *— Voilà 12 000 ans que le paysan sait et développe son art, mais pour combien de temps encore ?*

V

– LE CHAOS IMPREVISIBLE –

Le futur de l'humanité n'est que le futur de notre passé, un futur qui se construit sur les idées qui dominent l'humanité. Notre passé n'est pas le décor du futur, comme le serait un objet historique conservé au musée, mais le quotidien qui accompagne le futur. Notre histoire est une catégorie active de notre présent par la connaissance de notre passé, qui ne prend de sens que par l'attribution qu'elle apporte aux activités dans une idée validée par l'expérience passée. Le temps passé paraît court, pourtant le temps paysan est beaucoup plus long. Il est inscrit dans les discussions *« tu te souviens ... »*, dans les pierres, les chemins, les fontaines, les maisons, on se remémore jusqu'à des événements historiques, jusqu'à un vieil oncle longtemps disparu qui avait tenté, telle culture, telle herbe, qui avait creusé un puits. Maintenant ce temps historique est de plus en plus court que s'accélère l'instantanéité de la vie qui ne restitue plus qu'un passé guère lointain. Avec par exemple, le renouvellement rapide de nos machines avec l'accélération de l'innovation des technologies qui rend immédiatement de plus en plus obsolète l'objet à peine acquis, et nous en oublions vite l'autre objet substitué, abandonné car devenu ringard. Les réseaux sociaux rendent l'information éphémère, vaporeuse, contrairement au papier matériel des journaux, des lettres ou des cartes postales. De plus, de son côté, poussé sans fin dans un vide intellectuel, l'avenir s'évanouit désormais jusqu'à devenir inaudible. Nous avons perdu toute notion du temps long, du temps d'avant, du temps d'après, du temps des saisons de la nature, du temps cyclique que régit le mouvement lent de la planète devant le soleil. Autrefois, le proche et le lointain organisait l'humanité autour des saisons, on savait le futur à déployer, on le préparait. Le paysan des montagnes ou de la plaine ou des marais avait la connaissance du passé, il savait le futur, les embuches dans cette géographie singulière où il vivait, il savait le futur et le risque de ne rien faire. Sa ferme était organisée ainsi, il améliorait à chaque fois des détails, une mare, un cours d'eau, une haie, un chemin ; certes il modifiait la géographie, mais à bon escient, il préparait la prochaine saison de la nature, avec ses animaux, sa nourriture ; il conservait, labourait, chaulait, préparait le prochain hiver au printemps, le prochain printemps en hiver, et le prochain printemps en automne. Il plantait des arbres pour se protéger du soleil ou du vent, des arbres fruitiers, des vignes, des oliviers, des pommiers, pour manger ou boire ; tout cela aussi pour son prochain. Il réfléchissait à longueur de journée, sa vie et sa survie, il les partageait avec ses voisins. Sa connaissance de la vie, il la savait des vieux, il l'enseignait aux jeunes, son art a pris 12 000 ans pour échoir à cette fin.

Aujourd'hui, les médias ne parlent que du présent, le futur n'intéresse guère, il n'existe plus ou s'est absenté du débat. On s'excite devant de nouvelles technologies comme solutions pour résoudre un problème, mais sans penser ses effets. L'idée serait d'éviter des choix binaires regrettables des *oui non* qui n'apportent pas de progrès, d'apporter un travail de discernement, générer des *règle et méthode* de l'esprit collectif, lister les problèmes sociétaux en pensant, qu'avant de faire ces choix, des études à 360° doivent être faites avec l'analyse de tous les impacts. Mais trop tard, on s'emballe pour la voiture électrique, l'éolien, le photovoltaïque comme remèdes absolus pour sauver le climat, le marché est juteux puisque l'Etat le finance. Ce ne sont que des choix politiques de politiciens, visions courtermistes pour séduire un électorat. L'industrie sait produire ces technologies, mais nous verrons bien dans dix ou vingt ans combien ces choix politiques ont été judicieux pour l'environnement et le climat. Car tout marche sans arrêt dans l'urgence et l'instantané, arguments qui répudient l'avenir comme simple promesse, le monde de demain est oublié dans une jachère intellectuelle, dans une sorte de trou noir symbolique qui élimine les pensées de l'homme, car les hommes refusent d'être conscients à une vie spirituelle de réflexions individuelles ou collectives, car enfermés dans leurs choix *a priori*. En fait, ils font correctement une sorte de travail à la chaîne à l'instant comme le font tous les robots. Les sept milliards d'individus sur terre ne discernent plus que les machines à leur disposition, ils ne comprennent plus que leurs robots car ils sont robots eux-mêmes, esclaves de cette machinerie collective.

Les hommes ont un gros problème, le seul probablement, redécouvrir qu'il existe une vie possible de l'Esprit, plus haute indubitablement qu'une vie quotidienne rétrécie dans un confinement devant le frigidaire, le téléviseur ou le smartphone, quasiment l'unique façon universelle de distraire leur cerveau robotisé comme celui d'une majeure partie de l'humanité sans plus savoir la vie et les cycles de la nature. La forme de vie spirituelle, s'il y a, se trouve amassée dans une action grégaire qui n'a plus de couleur, car elle est uniformisée, mondialisée. Toute l'évolution de notre société se trouve ainsi claustrée dans ce système chaotique. Sauf qu'ici, chaotique ne veut pas dire aléatoire, bien au contraire, le chaos se manifeste dans un ensemble de systèmes parfaitement déterminé. En fait dans ce système, on peut prédire singulièrement *"assez"* correctement ce que sera le *"un peu plus tard"*, mais prédire à plus long terme nécessite de bien connaitre les propriétés de chaque mouvement unitaire avec un précision infinie, c'est de là que vient la difficulté, car elle est d'autant plus difficile que chaque mouvement donne une impression d'aléatoire. L'accélération récente des mouvements liés au *"productivisme"* et au *"consumérisme"* est positive, leur croissance est continument positive et elle crée sur un même intervalle de temps, un nombre plus grand de mouvements simples que dans le mouvement plus lent d'autrefois, le *"un peu plus tard"* devient donc de plus en plus difficile à prévoir. Cette accélération a décuplé les mouvements comme s'il y avait eu un puissant amplificateur qui aurait amplifié les hautes fréquences toxiques qui nous rendent esclaves de notre cerveau robotisé, au détriment des très basses fréquences utiles de l'Esprit, qui seraient devenues imperceptibles, et cependant, qui marquaient la vie naturelle de l'humanité. L'échelle de temps inventée par Newton, bien utile aux mécaniciens pour calculer le mouvement des choses où le temps de base est la seconde, semble devenue obsolète ou floue. Un peu comme si la base de temps s'était raccourcie, à l'inverse de celle de la relativité générale d'Einstein, plus proche de celle que décrirait un pilote de Formule Un où chaque centième de seconde est perçu comme une seconde complète, tant il peut décrire avec une grande précision chaque événement d'un tour de circuit, phénomène de mémoire extraordinaire aussi.

C'est à partir de là qu'avant de faire des choix de projets, parce qu'ils plaisent à untel ou untel, des études à 360° soient faites, avec l'analyse de tous les impacts ; les effets de bord critiques de projets irréfléchis peuvent devenir dramatiques en vies humaines et animales. La meilleure motivation pour prédire le futur serait de se libérer du poids de modèles établis qui nous entravent afin de s'en libérer, provoquer la rupture fatidique essentielle et retrouver ainsi la finalité de l'humanité. Notre cerveau qui aime tant la sobre beauté des formules mathématiques, se trouve plutôt égaré au milieu de ce mélange prodigieusement complexe de la vie sociale d'aujourd'hui, dans ce chaos qu'il ne maîtrise plus comme il y arrivait autrefois dans la vie plus apaisée, là où encore quelquefois la transcendance de la religion, de la doctrine politique ou des dires de ses anciens, "des vieux", de leurs rengaines aussi, le guidait. Les événements sociaux, privés ou communs, orchestraient la vie. Les baptêmes, les mariages, les inhumations, le service militaire, les guerres, les épidémies, mais aussi les kermesses, fêtes de village, bals, autant d'occasions pour les couples de se constituer ou d'être reconnus en public dans le village, étaient les marqueurs de la vie commune ou privée, comme des tic-tacs dans la spirale du temps universel. Aujourd'hui, notre esprit tente d'appliquer des concepts appartenant à différentes disciplines, qu'il veut hors de champ de la religion, de la doctrine ou de la tradition, et y réussit plutôt mal. Il veut réduire les concepts à des systèmes simples matériel ou philosophique, pour essayer de surpasser la lenteur des progrès de la société humaine devant les progrès matériels.

L'homme ne comprend plus le social, il vit dans ses valeurs matérielles, obsédé par l'argent, jusqu'à jalouser celui des autres et tout ce qu'il pourrait acheter avec comme nouvelle valeur sociale. Le vivre-ensemble a disparu. L'homme est un tout indivisible d'une extrême complexité, mais il est devenu un individu très seul à rechercher sans fin, un sens à son existence hors de toute transcendance par volonté. En ce début de IIIe millénaire, ce n'est donc plus une vision philosophique de la liberté qui menacerait le libéralisme, mais c'est bien l'énorme avance prise par les sciences de la Mécanique, de la Mathématique, de l'Informatique, les sources des technologies concrètes de machines qui remplacent nos gestes, nos efforts, nos savoirs, qui ne nous laissent plus, petit à petit, aucune place de liberté au quotidien des individus, comme si nous devenions esclaves inconscients de nos machines. En fait la société moderne crée des conditions de vie telles dans laquelle la vie de l'individu et celle de sa société deviennent impossibles car la technique a pris le pas décisif sans retour en arrière.

Il n'y a pas de débat installé. Nous acceptons tels des robots dociles la modernité technologique comme une fatalité normalisée car les autres font pareils, et si nous ne faisions pas pareil, nous serions devancés dans cet esprit de productivisme.

Nous sommes des météorologues à regarder le temps d'aujourd'hui, voire celui du prochain week-end, mais nous ne sommes plus les climatologues qui s'intéressent à ce qui se passerait à des échelles de temps plus longues. Nous n'oserions même plus tenter une hypothèse sur les risques ou les intérêts d'une modernité technologique naissante, ses conséquences et tenter d'éviter le chaos calculable. L'individu mute à l'*homo economicus* avec le devoir de consommer sans cesse, et sans cesse plus, afin que puissent fonctionner les machines dont il est devenu l'esclave fatidique. L'homme est victime d'une illusion. Les hommes avaient accueilli avec joie la civilisation moderne, mais celle-ci a vidé les campagnes pour remplir les villes et les usines, et aussi elle a permis les progrès en productivité dans l'agriculture. Les hommes adoptent un mode de vie, une façon d'être et de penser cette ère nouvelle. L'humanité se montre ainsi incapable de conduire en binôme, son existence collective et son existence individuelle. Avec l'essor des machines, les hommes abandonnent les habitudes anciennes qui demandaient un effort plus grand, plus fatiguant, une existence plus dure. La vie moderne les a rendus libres de jouir ; ce que Jean-Christophe Ruffin dans *« le collier rouge »* évoque comme plaisir, confort et lâcheté, tandis que le paysan travaille sa *"Terre"* sans relâche. Or le chaos de la société moderne viendrait de ce système déterminé organisant subtilement la perte de l'intelligence individuelle et collective. Le baccalauréat devient bachotage et par cœur ; une tentative de sa réforme s'articulant sur des disciplines communes plus à vision collective (français, philosophie et épreuve orale) et de spécialité plus à vision individualiste, qui font plus appel à la réflexion, à l'intelligence, rencontre une opposition. Qu'en est-il du concours d'entrée à l'Ecole Polytechnique sinon cette forme de par cœur, de bachotage, avantageant l'étudiant solitaire d'une famille qui l'entoure et lui permette de préparer patiemment ce concours dès la sortie du collège ? Alors que celui de l'Ecole Normale Supérieure est tout autre, basé sur l'intelligence ? Cette singularité de l'idéologie de l'évaluation ancrée chez ceux qui réussissent, demeure lorsqu'ils deviennent dirigeants, experts indéniables aimant les chiffres de la technologie comme évidence irréfutable, mais obnubilés par le classement de leur jeunesse. L'humanité se montre ainsi incapable de conduire une existence collective de réflexion sur le social devant les technologies, car leurs dirigeants sont choisis parmi les individualistes qui bachotent.

Dans le passé, voire il y a quelques millénaires, les humains étaient seuls à faire quantités de choses avec leurs mains et leurs cerveaux, quelquefois avec des outils qu'ils inventaient pour prolonger leurs membres, on retrouve historiquement les différents noms de ces différents âges qui caractérisent ces périodes, âge de pierre, âge de bronze et âge de fer. Aujourd'hui, robots et ordinateurs substituent de plus en plus nos membres et nos cerveaux, et supplanteront un jour les humains dans la plupart des tâches. Qu'adviendra-t'il de l'avenir de l'étudiant ? Avec ces supposés progrès, si parler de progrès reste l'expression plausible qu'adviendra-t-il de notre humanité dans ce système chaotique ?

L'articulation dans ce système mondialisé pour permettre l'invasion de ces technologies modernes qui substituent nos gestes et nos efforts, a besoin d'un développement exponentiel et crucial de l'énergie pour compenser l'accroissement de notre fainéantise physique et mentale, énergie souvent électrique comme vecteur bien maîtrisé de celle-ci ; or ce développement serait les prémices d'un autre chaos, celui-ci bien prévisible et perceptible, car la réalité et les prévisions le montrent. En peu de décennies, l'humanité vit une expérience tout à fait nouvelle. Au-delà du dérèglement climatique, les hypothèses se bousculent à savoir combien est-il ou pas d'origine humaine – j'ai mon idée[1] car je crois en la science, et les prédictions climatiques des scientifiques qui ont pu être perçues comme un peu aléatoires ou timides hier, clairement des événements majeurs dans la nature vont se produire et perturberont l'humanité. Svante Arrhenius émettait en 1896

---

[1] On peut toujours tergiverser sur les rapports scientifiques et l'idée de l'effet de serre ou bien le dérèglement climatique – une chose est sûre, la température moyenne de la planète croît – et semble actuellement croître plus vite que celle prévue par les modèles de calcul.

l'hypothèse que, si les émissions de CO2 dans l'atmosphère pouvaient doubler, il y aurait un réchauffement de 5°C de la surface de la terre. Ce travail repris en 1970, montra une sensibilité selon les modèles de calcul, de 1,5 à 4,5°C, et un doublement des émissions de CO2 était déjà envisagé pour le milieu du XXIᵉ siècle.

Mais malheureusement pour l'humanité et son agriculture, le système est chaotique. Le réchauffement climatique dû à une présence majeure de CO2 va accélérer le réchauffement de l'eau en superficie des mers, ce sont les mers qui en absorbent l'essentiel, 93%, du supplément de chaleur dû au réchauffement, favorisant ainsi une plus grande évaporation. Cette vapeur d'eau, elle aussi, gaz à effet de serre, va, elle aussi, amplifier le réchauffement climatique, ce système est donc divergeant comme une réaction en chaine. Il va favoriser et amplifier le dégel du pergélisol[1] de l'Arctique, représentant 25% de terres émergées de l'hémisphère nord, et le plus gros réservoir de carbone continental de la planète depuis la dernière glaciation, qui libérera le gaz carbonique et le méthane prisonnier, lui aussi, gaz à effet de serre. Et bien d'autres effets de bord liés à l'augmentation de température de la planète. Les hypothèses émises sont devenues extrêmement fiables, il serait difficile aujourd'hui d'être climatosceptique, mais ce n'est pas l'objet de l'essai, à l'exception du fait qu'avec le dérèglement climatique, l'augmentation de la température est avérée et acquise, aura un effet au premier ordre sur l'univers agricole, sa

---

[1] Le pergélisol (ou permafrost) désigne le sol gelé depuis la dernière glaciation qui s'est terminée il y a 10 000 ans.

résilience, ses paysans et les habitudes d'alimentation, ce qui est l'objet de l'essai. L'effet sera d'autant plus fort, qu'en quelques décennies, l'agriculture subira un bouleversement tel d'exodes ou de changements dans son travail et ses élevages d'animaux, qu'elle ne l'a jamais vécu lors des derniers millénaires. Selon un article américain (future of the human climate niche) publié le 4 mai 2020 dans la revue PNAS (proceedings of the National Academy of Sciences) :

— *« Toutes les espèces ont une niche environnementale, et malgré les progrès technologiques, l'homme ne fera pas exception. L'article démontre que depuis des millénaires, les populations humaines résidant dans la même bande étroite disponible sur le globe, caractérisée par un mode majeur autour de -11°C à 15°C de température moyenne annuelle. Il montre que dans un scénario de changement climatique de statu quo, la position géographique de ce créneau de température devrait se déplacer davantage dans les 50 prochaines années qu'elle ne l'a fait depuis les 6 000 dernières. »*

Cet essai n'aborde pas le climat et ses évolutions au fil des temps. Il a eu dans le passé et il aura très probablement de plus en plus d'effets sur l'agriculture elle-même et les migrations humaines comme cela s'est produit au fil des millénaires sur la planète. Lorsque les conditions climatiques ont commencé à être favorables par un net réchauffement à la fin de la période de glaciation, l'agriculture a commencé dans le croissant fertile (actuelles Syrie, Turquie et Irak). L'agriculture a suivi et s'est sédentarisée dans la bande climatique favorable, avec une température moyenne de 13°C et des précipitations annuelles moyennes de 1 000 millimètres, à la croissance des plantes alimentaires et à la vie des hommes. L'essai aborde plutôt le système chaotique où les événements de plus en plus graves du point de vue de l'humanité et de son alimentation, apparaissent. Le chemin devant nous n'est plus clair et la réalité de demain ne correspondra peut-être pas avec les attentes que l'on pourrait se faire aujourd'hui. Cela pourrait être mieux, ou pire, ou cela pourrait se comporter d'une manière que l'on ne l'avait pas imaginé. Si l'évolution changement climatique auquel on s'attend, est pire que celui anticipé, les mesures prises aujourd'hui pour s'y adapter, compte tenu des hypothèses d'aujourd'hui, seront peut-être insuffisantes dans ce futur. Ou bien, si les innovations technologiques et le changement du comportement humain peuvent réduire les émissions et le réchauffement dans les années à venir, le climat du futur pourrait être meilleur que ce que les scientifiques anticipent en ce moment. C'est cette notion du chaos imprévisible qui apparait avec son intervalle d'erreurs.

Tout cela rend la planification pour l'avenir de l'humanité extrêmement difficile et soulève d'importantes questions quant au moment où les décideurs des pays devraient commencer à adapter les effets potentiels du changement climatique. Il n'y a pas de réponse claire à cette problématique. Cependant, attendre que les scientifiques progressent ne générera pas plus d'informations au sujet du réchauffement climatique, même s'ils progressent dans une prévisibilité du chaos. Attendre signifierait manquer de temps ensuite pour éviter des graves dommages, surtout si le rythme du changement climatique s'accélère. Le cadre du changement climatique, celui accepté dans le consensus scientifique, montre que l'activité anthropique, principalement générant plus d'émissions de gaz à effet de serre que la nature n'absorbe, cause ce réchauffement de la terre de telle façon que celui-ci affectera le climat. Parle-t-on de dérèglement climatique ? Ses potentiels risques incluent une élévation de la température moyenne de la surface et de la masse d'eau des océans, de plus fréquents et plus intenses épisodes météorologiques, la fonte des glaciers, une élévation du niveau des mers, et nous y revenons, un déplacement progressif des modèles agricoles, des problèmes de nourriture et d'eau potable, de nouvelles menaces pour la santé humaine, et les nuisances pour de nombreux écosystèmes naturels. Mais une chose est sûre dans cette liste d'effets, la terre s'est déjà réchauffée durant les six dernières décennies. Et si le consensus scientifique est correct, les conséquences négatives du réchauffement de la terre se poursuivront pendant les plusieurs décennies à venir, même si les efforts pour limiter les émissions de gaz à effet de serre étaient un succès aujourd'hui.

On devine les interactions souvent évoquées par les scientifiques dans les énumérations détaillées, mais ici, l'essai s'intéresse au paysan, son évolution et les migrations depuis la révolution agricole il y a 12 000 ans dans la région dite du croissant fertile (actuelles Syrie, Turquie et Irak), en observant son génie qui permit de s'approprier la Terre pour cultiver les fruits et légumes, élever les animaux de la ferme, aussi s'approprier la force d'autres personnes, ou d'animaux, ou maintenant de machines convertisseurs d'énergie, jusqu'à ce que l'on perçoive cette limite asymptotique plausible de robots complètement autonomes qui s'occuperont de tout dans toutes fermes agricoles du monde moderne sans plus de présence humaine. Ne sont-ils pas déjà capables de traire seuls les vaches, ou de travailler dans les champs, sans conducteurs ? Il ne resterait qu'un dernier pas d'une agriculture sans paysans. Mais les sols bourrés chimiquement d'intrants, de produits phytosanitaires, et les plantes même génétiquement modifiées pour supporter les chaleurs, les pluies intenses, les vents forts ou les sécheresses vont-elles permettre la pérennisation de l'agriculture ? Certains pensent que cela est obligatoire pour nourrir une humanité à la démographie croissante. Je ne sais pas si, de là-haut, mon père est entrain de lire tout cela. Je crois que dans sa sagesse, il avait perçu dans le principe de cette secousse, la fin du paysan, du paysannat, celui initié lentement il y a 12 000 ans. Ses récits de rencontres avec des prémices d'une modernité accélérée dans l'agriculture, démontraient sa curiosité et son doute. Il savait que l'on avait modifié le maïs pour qu'il rende mieux, qu'il pousse plus vite, afin de réutiliser le champ tout de suite et qu'il nécessite moins d'eau. Il observait les cultures hors sol, comme les pieds de tomates. Il voyait croître le nombre de stabulations libres dans le village où les vaches de plus en plus nombreuses dans chaque ferme, étaient parquées toute la journée, alors que les siennes étaient libres. Il lui manquait le lien avec l'énergie. Il savait qu'il était un homme absent du débat public, loin des centres de décisions, comme un invisible de la république. N'est-elle pas là, la révolte du paysan ? Était-il révolté dans ses silences ? Il savait qu'il participait à l'avenir avec un métier utile à l'humanité, mais il abdiquait, déjà devant ce monde absurde.

Mathématiquement l'humanité épuise ses ressources énergétiques connues (à part le solaire qu'il faut stocker, ce que font les plantes grâce à la réaction chimique avec la chlorophylle). Elle assiste à une demande exponentielle des besoins en énergie pour la livrer aux technologies nouvelles des robots et à leurs algorithmes d'intelligence artificielle, qui remplacent nos gestes et nos efforts quotidiens et bientôt nos modes de penser, et celles qui influenceront subliminalement nos actions. Notre désir de développement durable est un oxymore. On pioche l'énergie dans un volume fini pour en faire une utilisation infinie pour l'Humanité. Il sera de plus en plus difficile de faire correspondre à cette définition « besoin des générations futures », un état particulier du monde futur. Comme il va être de plus en plus difficile de savoir ou définir les besoins futurs à nos générations futures de façon univoque. Sommes-nous devenus fainéants physiquement et intellectuellement, ou bien esclaves inconscients de nos machines ? L'énergie fossile a fondé la totalité du développement industriel qui nous entoure, elle a permis d'augmenter la productivité agricole, avec ses machines convertisseurs d'énergie fossile et ses engrais, elle a vidé les campagnes pour mettre tout le monde dans les usines et les bureaux, elle a permis l'émergence des villes telles qu'on les connait aujourd'hui, elle a permis la révolution industrielle et développé tous les services nécessaires. Si on examine l'agriculture et la modernisation de notre système alimentaire après la Seconde Guerre mondiale qui l'a transformée en un système agro-industriel, puis agro-tertiaire, ils ont été un véritable succès sur de nombreux points en termes de prix et de sûreté des produits, mais avec un revers curieux à cette médaille. Le modèle productiviste de l'agriculture, par ses méthodes devenues spécialisées, intensives et mondialisées, génère des menaces sur l'équilibre alimentaire des populations, et aussi par ailleurs due à l'exploitation de l'énergie fossile, aux sécheresses, inondations, cyclones, ouragans ou typhons, ... et sur l'équilibre écologique de la planète, disparition de la biodiversité, migrations d'espèces animales ou végétales inattendues qui pourraient détruire ou changer des équilibres biologiques locaux établis depuis des siècles. Nous pourrions imaginer comme bonne hypothèse, un crash prochain d'un système planétaire. Mais là, cela sera ce chaos imprévisible, car rien dans le passé n'apprend à l'humanité comment faire face à un tel bouleversement. Aucunes des expériences passées ne peuvent être de moindre secours. Le passé ne serait plus le quotidien qui accompagne le futur

Pendant des siècles, voire des millénaires, les fermes familiales de polyculture et de poly-élevage dominèrent largement le paysage agricole de toutes les régions ; partout se pratiquait une agriculture de l'autoconsommation et de la vente des surplus dans les circuits locaux ou régionaux pour le revenu des fermes, pour acheter du tissu et coudre les vêtements, le sel pour la conserve des aliments, les ustensiles pour la cuisine, les outils pour les travaux de la ferme. Certaines zones spécialisées en viticulture, oléiculture ou maraîchage souvent en périphérie des bourgs faisaient exception à ce mode de vie paysan. Ce n'est plus le cas depuis quelques décennies. La distance géographique entre l'espace de production agricole, la campagne, et l'espace de consommation alimentaire, la ville, s'est doublée d'une distance progressivement plus grande entre le territoire où est produit l'aliment, jusqu'au pays étranger, et la table sur laquelle il est servi. Notre individualisme, notre incapacité à conduire une réflexion commune en binôme sur une vision de notre existence collective et notre existence individuelle, pousse tout naturellement le marché de l'agro-alimentaire vers de tels excès. Cet excès a développé chez nous, en peu de décennies, une paupérisation de la ruralité. Le raisin de Chili arrive tout frais sur notre table, par avion. Ainsi pour le mouton de Nouvelle-Zélande par bateau, ou la tomate espagnole par camion. Le paysan breton vend ses porcs à la Chine, non plus au bourg voisin.

> *— Jusqu'où ce système peut-il aller jusqu'à esseuler les paysans dans des contrées désertifiées, où bientôt les robots autonomes de mégafermes, nommées firmes, feront tout le travail du paysan d'autrefois ?*

L'injonction populaire « *achetons Français* » est le reflet d'un malaise social et non d'un jugement de valeurs, malaise diffus quand l'existence individuelle se sépare de celle du collectif, resterait-il le réseau social virtuel ; où l'économie de marché mondialisée anonymise les relations humaines jusqu'à la perte totale de lien. Il n'y a plus de village comme cœur de la Cité, mais un hypermarché où on achète anonymement. Il y aurait peut-être un équilibre subtil à trouver entre les liens sociaux trop étouffants du village d'autrefois et ceux tout distendus de la globalisation moderne, en augmentant l'étendue du village à d'autres villages, ce qui se fait aujourd'hui pour des raisons administratives de fonctionnement et d'économie, cela agrégerait un cercle nouveau d'interactions[1] dans la société locale et ferait renaître ou redécouvrir le rôle du paysannat dans l'alimentation, de ses intermédiaires dans la vente des denrées alimentaires, et tous les autres métiers de la vie, dans la construction de liens sociaux dans le centre-ville et les quartiers.

> *— Avons-nous le choix dans un marché mondialisé ?*
> *— Est-ce l'acceptation de fait sans retour en arrière ?*

L'alimentation aurait dû demeurer saisonnière, elle parcourt la terre dans d'énormes frigos ; elle est banalisée, secondaire, industrielle, *a-saisonnière,* à haut rendement de production, standardisée et de saveur moindre, de valeur nutritionnelle moindre. Ce chaos imprévisible dans ce système productiviste de l'agriculture, lié à l'évolution de l'utilisation des ressources énergétiques pour les machines, à l'évolution du climat liée à l'émission de gaz à effet de serre, à l'évolution de la biodiversité en détruisant leur écosystème, ouvre une porte sur un inconnu inquiétant, ou bien merveilleux. Pouvons-nous réfléchir : *"à quel moment de la civilisation, ce monde actuel est-il possible ?"* c'est sans réponse. Nous vivons dans l'instantané en imaginant un monde infini (la mort est

---

[1] Thématique que j'expose dans l'essai « talents de la Cité de demain »

exclue). Nous trichons en spéculant sur l'avenir de cet *homo sapiens*, qui à l'origine, avec son intelligence, inventa les relations sociales et la révolution agricole qui perdura pendant 12 000 ans. En décortiquant les mécanismes de l'existence supposée moderne affectant notre conscience et notre intelligence, en les critiquant, une connaissance beaucoup plus approfondie de nous-même pourrait apporter un remède à ce mal en cherchant à comprendre comment nous adapter et nous défendre. Il nous faudra très sûrement inventer des réactions humaines nouvelles avec des comportements adaptés face à cette situation inconnue non maîtrisable.

> *— Nul ne se trouve dans le vif du sujet pour avoir pris la carte d'un parti politique et imposer ses idées ou son comportement, comportement qui souvent, va à l'encontre de l'intérêt collectif. Notre raisonnement individuel s'arrête souvent à l'apparence de croyances, d'émotions, de peurs, que savent manier les politiques. Chacun croie ce qu'il veut croire.*

Le dérèglement climatique, ses effets, perturberont l'agriculture et l'alimentation de l'humanité et sa survie. L'ignorance de nous-mêmes, notre répulsion de l'avenir ou notre aveuglement, sont dus à cette extrême abondance de tout, et à l'extrême confusion de notions que l'humanité a accumulée à son propre sujet pendant le cours des âges. L'absence de recherche d'informations laisse libre-cours à différentes croyances, exclusives de science, oublieuses d'humanité, friandes de potin. L'homme aurait dû être la cadence de tout, le maître du temps, il est un étranger du monde qu'il a construit, monde construit par son intelligence et ses inventions n'est plus ajusté ni à sa taille ni à sa forme. L'homme n'a pas su organiser ce monde pour lui en tant qu'humain, mais pour les gains du *productivisme*.

> *— Et c'est par conséquent, c'est dans les nations où la civilisation industrielle a plus crû que l'intelligence des citadins s'affaiblit davantage.*

Imaginons un instant une crise étendue, quelle qu'elle soit, sanitaire, économique ou climatique, notre civilisation a créé une vie actuelle qui deviendrait impossible à vivre pour des raisons que nous ne connaissons pas précisément. Les habitants des villes en seront les premières victimes, par épuisement rapide des denrées alimentaires car l'activité ralentit ou s'arrête. Les habitants des campagnes en seront moins affectés. On pourrait relire à propos, « *Ravage* » de Barjavel. A côté des systèmes et des hypothèses de savants ou de philosophes, on trouve dans la campagne profonde, les résultats des expériences des générations passées et une multitude d'observations.

> *— Le paysan sait faire des choix judicieux que ne saurait plus faire aucun citadin.*

Montesquieu écrivait :

> *— J'aime les paysans, ils ne sont pas assez savants pour raisonner de travers.*

Il voulait décrire le bon sens du paysan, dû au contact étroit avec la réalité de la *Terre* et des hommes. Sa vision plus simple et plus globale, est plus juste, plus réaliste. Les spécialistes sont confrontés à une trop grande complexité de la réalité, du quotidien, ils en perdent compréhension et communication.

— *Un homme de grande culture trouvera plus facilement un langage commun avec le paysan que l'un et l'autre avec le technocrate prétentieux ou l'idéologue, d'autant plus imbus de leur supériorité qu'ils ont perdu le sens commun.*

La civilisation moderne n'a pas été capable de produire une élite douée à la fois d'imagination, d'intelligence et de courage. Les individus mieux entraînés aux travaux manuels et exposés aux intempéries, sont plus capables de mieux réfléchir, de mieux s'adapter à leur milieu et de mieux s'adapter aux fluctuations de leur milieu par une évolution qui leur est propre. Ils sont moins influencés, grâce à leur mode de vie, leur habitat, leur nourriture, par l'éducation et les habitudes intellectuelles et morales qu'impose la civilisation moderne aux citadins. Le concours d'entrée à l'Ecole Polytechnique[1] a une forme d'éducation de

---

[1] Ecole élitiste qui a vu une évolution durant les dernières décennies vers une intégration de 80% des élèves venant d'une catégorie sociale représentant 20% des Français, elle forme les futurs dirigeants.
Il y a un débat récurent sur l'ENA dont s'est emparé le Président de la République. J'eus la fierté d'appartenir à la sélection des 90 bac E (mathématiques et technique) pour intégrer une de deux "maths sup technique" de Reims et Lyon qui préparaient au Concours Général et réservaient des places aux Grandes Ecoles dont Polytechnique.
Je déchantais après de six mois de travail acharné en cette taupe en milieu du classement, nul en français et en langues, je changeais l'objectif. Les Arts et Métiers me paraissaient plus pragmatiques, plus proche de la sensibilité du paysan, malgré mon admissibilité 14ème à l'Ecole Normale Supérieure, je voulais être ingénieur.
Cette sélection des élites, d'une façon générale, semblerait aujourd'hui plus marquée par l'endogamie sociale, un entre-soi très parisien, qui gripperait l'ascenseur social des invisibles de la République. Le propos de l'essai tient en partie, dans l'approche sélective d'une classe de dirigeants de l'Etat de grande connaissance

bachotage réservé à l'étudiant d'un type de famille citadine, contrairement à l'étudiant de la ruralité qui ne dispose pas de ce type de préparation quasi-obligatoire. Les citadins n'affrontent pas l'exposition aux intempéries ni aux efforts manuels du travail de la terre, ils jouissent de disciplines sportives régulées comme des robots dans des salles de sport, loin de la réalité des choses de la nature.

— *Est-ce cela l'évolution naturelle de l'homo sapiens depuis sa révolution agricole il y a 12 000 ans, due à la révolution industrielle débutée il y a 200 ans, qui le dirige vers un amas gigantesque de connaissances, de doctrines, de désirs, de rêves, et qui se sont éloignés de plus en plus de la nature, de la Terre ?*

— *Aujourd'hui combien la kirielle de lois émises pour l'agriculture par les hommes des gouvernements habitant surtout la ville, répondent à l'attente de tous les habitants, avec la différence notée entre ruralité et citadinité ; c'est-à-dire entre la ville, par définition, qui n'est pas agricole et la campagne qui l'est ?*

— *Combien un PAT, "Plan Alimentaire Territorial", probablement utopique, peut devenir un jour, une réalité généralisée ?*

— *Combien les paysans vont adhérer à la certification pour leur exploitation agricole à la HVS, "Haute Valeur Environnementale", née de conclusions du Grenelle de l'environnement de 2007, pour*

---

livresque, n'en doutons pas, mais littéralement "hors sol" sur le paysannat et l'agriculture.

substituer la culture biologique répandue et qui ne répond peut-être plus à l'attente du consommateur, qui veut maintenant aussi contribuer au respect de la biosphère ?

On tendrait, si ces projets se réalisent, vers une politique progressiste combinant progrès environnemental et progrès social et dicterait une inflexion radicale, certainement possible, au profit d'une humanité que l'on sait promise à l'éradication d'un million d'espèces vivantes. Cette agriculture imaginée en remplacement de celle sortie du plan Marshall d'après-guerre, si elle réussit un jour, s'enracinera dans la conscience des consommateurs en réhabilitant une nourriture bonne et saine en opposition à l'exploitation hyperindustrialisée destructrice des sols, des goûts, de la santé et de la biodiversité. Nous devrions voir apparaître plus clairement dans la ville, avec ces circuits courts et directs, une agriculture de proximité et très probablement, dans le nouveau foisonnement de nouvelles activités liées à ce voisinage, entre ruralité et citadinité, la réinvention d'une démocratie de proximité.

Les hommes veulent gagner de l'argent, avoir du confort, avoir de la richesse, c'est dans la nature humaine. C'est aussi l'état d'esprit de gaspillage, de vue à court terme, d'avidité, d'égoïsme. Une crise surgit et soudain le temps ralentit, s'interrompt, se suspend, s'arrête. Ils ruent dans les brancards, *"combien de temps va-t-elle durer ?"* Puis de nouveau le temps repart, il reprend sa frénésie, sa course contre la montre, il retrouve son pouvoir jouissif, démoniaque, angoissé, fataliste, qui l'enferme à nouveau dans sa prison de l'instantanéité. Il n'y a plus de passé ni de futur, plus de saisons ni de nature, on oublie. C'est comme ça, il ne faut pas se leurrer, l'homme est ainsi fait. Explorer son cerveau, cette attitude, c'est plus compliqué que d'explorer la nature, la technologie, les sciences qui la permettent. C'est le comportement humain, c'est l'attitude des hommes, leur état d'esprit qui détruit l'environnement, en fait qui ne détruit pas la planète, mais simplement l'espèce humaine elle-même. Le COVID19 surgit, on s'enferme, c'est le confinement pour les humains, la nature continue, silence absolu en ville, l'activité bruyante du quotidien est à l'arrêt, les animaux de la forêt déambulent en ville, ils se l'approprient, les poissons s'approchent du littoral, la planète continue sa vie sans les hommes, sans leur civilisation. On retrouve soudain l'essence de la vie, *"manger pour vivre"*, on s'invente *"le jour d'après"* avec les paysans, sans les inviter bien sûr, ils ne sont plus des parias. Ils deviennent soudain l'essence du bonheur qui comblera l'affamé. Aujourd'hui, pour sauver l'humanité, cela sera une aventure humaine fantastique, mais il faut y aller avec enthousiasme.

Comment convaincre les hommes ?

Une chance physique : on va vers un épuisement du pétrole comme le montre les analyses et là, qu'adviendra-t-il ? Reprendrons-nous les chevaux de trait pour travailler aux champs ?

VI

– PLUS DE PETROLE –

Ce titre n'est pas la dystopie du décroisseur ni une cession à la tendance anti-sciences du courant soi-disant écologiste, mais *"plus de pétrole"* est la réalité prochaine universelle de notre génération. La finalité est de cerner ce qui rendra la vie très difficile aux paysans dans ces interférences complexes d'un trinôme 〈 **AGRICULTURE | ENERGIE | CITE** 〉 avec des situations passée, actuelle et future du paysannat, de se rendre compte l'imbrication par des relations historiques naturelles ou fortuites et d'observer l'orientation de l'Humanité. La science Mathématique est brutale, sans émotion. Elle utilise des critères d'évaluation, de notation qui chahutent les hommes sans les inviter à y répondre. Elle est froide sans chaleur. Les experts aiment cela, ses chiffres tout sortis des résultats comme évidences irréfutables, qui ne tiennent pas compte des relations sociales. La crise éclate, l'humanité est consternée, à genoux, désemparée ; elle s'agite dans un désarroi puéril. Pourtant l'espèce *homo sapiens* est maîtresse des technologies, maîtresse de l'atome, maîtresse des vols spatiaux habités, mais dès qu'une hausse des prix du carburant, ou d'une denrée alimentaire, le blé par exemple, surgit, la société est désorientée. Allons plus loin, imaginons maintenant une pénurie de pétrole momentanée de quelques jours, trois jours, une semaine, d'interroger l'événement, ce pétrole vecteur d'énergie majeur fait tourner les machines et les valeurs sur lesquelles se fondent notre humanité : il faut manger pour vivre. Tout à coup, les rayons des hypermarchés se vident pour deux raisons, la panique psychologique de manquer, et la dépression physique créée par l'arrêt du transport de denrées alimentaires qui ne remplit plus les rayonnages. On peut s'enfermer dans les calculs scientifiques, convaincus par les formules de calcul, et observer que notre faiblesse momentanée n'est qu'un leurre momentané, que nous perpétuons le contresens de l'homme vivant dans la possession de biens, qu'on ne peut gouverner sans entrevoir les effets, bons ou mauvais. Emerge cependant les sentiments d'incertitudes et d'instabilités politiques, lorsque surgit la famine liée à *"plus de pétrole"* et c'est la révolution : n'est-il pas là le printemps arabe qui commença en Tunisie en 2010 ? Ecrivons le principe d'une formule classique :

$$\textbf{AGRI}^1 = \frac{\textbf{AGRI}}{\textbf{PAYSAN}} \times \frac{\textbf{PAYSAN}}{\textbf{MACHINE}} \times \frac{\textbf{MACHINE}}{\textbf{CITE}} \times \textbf{CITE}.$$

Elle met en exergue, dans une relation linéaire, le rôle essentiel entre **AGRI** et **CITE** avec intercalée, nécessaire, l'énergie musculaire des paysans, des

---

[1] *AGRI = AGRICULTURE* pour simplifier le texte.

animaux, des ouvriers, celle dans les plantes, celle pour faire tourner les machines, les tracteurs, … Administrateurs satisfaits de cette formule au rabais, rassurés à bon compte, convaincus par leur succès, cette formule banale simplifiée devient **AGRI = AGRI**. Ainsi elle devient comptable, il y manque une émotion humaine qui permette de la faire fonctionner, celle du paysan ; en fait, il est placé sur le plateau de la balance pour peser son poids dans la formule. Son poids devient barre-graphe, histogramme, ordonnée. Elle explique la crise, l'évidence : *« regardez ! »* et la justification d'actions politiques, le choix d'activités nouvelles, les conséquences possibles ou probables, la crise actuelle des économies, toute la cause de leurs malheurs. L'homme devient une statistique ou bien déposé dans un paramètre mathématique pour peser. Et devant l'ampleur de stimuli, les Trente glorieuses, la transition énergétique, la démographie, ou tout autre phénomène de l'autre côté de la planète comme le lait frelaté, la peste porcine en Chine, la grippe aviaire, le barre-graphe démontrera les forces et les faiblesses du système agricole, il imposera son diktat idéologique au paysan. Trop tard, on crée l'effondrement, la révolte, le énième revirement de la politique avec les mesures de soutien qui peuvent recréer un nouveau processus de destruction créatrice comme décrit par Schumpeter comme force motrice de croissance économique sur le long terme, comme ouverture vers de nouveaux débouchés, soudain émergent les biocarburants issus de l'agriculture. Puis apparait le mot qui résout toute équation difficile : "Grenelle", du nom d'un boulevard de Paris, il met tout le monde d'accord. Le Grenelle reste "prudent", le

Grenelle "travaille", le Grenelle "demande" un audit sur l'intérêt écologique, bla-bla-bla ... Parle-t-on de paysans, de paysannat, de ruralité ? Pas vraiment. On "suggère" toutefois une concurrence probable avec les produits agricoles pour l'usage des terres arables. Alors on "intensifie" et on "finance" la recherche sur d'autres produits "plus respectueux" de la biodiversité. Des changements sont proposés dans des "directives", des "normes", des "mesures incitatrices". On redécouvre que dans le monde agricole, il existe les résidus de culture et le fumier, ça intéresse, "tout déchet devient ressource précieuse pour l'humanité" jusqu'au purin d'odeur nauséabonde qui, autrefois, s'écoulait dans la cour de la ferme autour du tas de fumier. Un peu comme si toutes les décisions n'étaient placées que sous l'autorité d'une science hors sol de scientifiques enclos dans les hypothèses de laboratoire et la lecture de rapports scientifiques, où ils en découvrent l'existence. Un peu comme si les gouvernants avaient l'habitude technocratique de l'Etat tutélaire qui saurait mieux que la population. Un peu comme si les populations étaient trop bêtes pour cerner et adhérer à une stratégie collective. Un peu comme si les gouvernants revendiquaient une supériorité évidente de leur doctrine politique et de leur leadership. Ne sommes-nous pas entrain de buter dans du dur têtu, au lieu de comprendre que les gens adhèrent d'autant mieux à des choix qu'ils en sont impliqués ou qu'ils en comprennent les tenants et les aboutissants ? Ne sont-ils pas ces milliers, ces millions de personnes absentes du débat public et dispersées sur le territoire avec leurs parcours d'obstacle, en proie à leurs difficultés, inquiètes de leur subsistance quotidienne, et surtout ignorées, loin des centres de décisions des grandes métropoles, loin de la réalité économique du moment aggravant les inégalités ?

Pourtant les paysans tiennent notre avenir entre leurs mains, nous risquons de perdre leur richesse, leur art. Le pétrole a modelé la civilisation des XXe et XXIe siècles, imprégnant chaque aspect de l'économie, de la mécanisation de l'agriculture à l'émergence du transport aérien. Le déclin[1] durant la prochaine décennie de la production pétrolière va secouer l'économie mondiale à la manière d'un séisme probablement majeur à celui d'une crise sanitaire, créant un monde nouveau qui ne ressemblera guère à ce que l'on a connu. Les limites à la production mondiale de pétrole risquent de s'exercer doublement directement ou indirectement sur les activités humaines, par deux contraintes imbriquées, la baisse de consommation de pétrole qui s'amorce et qui créera une dépression, et le réchauffement climatique lié à sa combustion, qui a déjà démarré. C'est un double

---

[1] Selon une première analyse d'un think-tank "the shift project" qui a pu se procurer les documents suffisants d'une analyse offrant un détail sans précédent dans une étude publique, s'appuyant sur les estimations des capacités futures de production mondiale de brut de l'agence d'intelligence économique norvégienne spécialisée Rystad Energy :
- Le déclin probable d'ici à 2030 des capacités de production des pays fournissant aujourd'hui plus de la moitié du pétrole consommé par l'UE risque d'entraîner des contraintes significatives sur son approvisionnement. L'UE risque de connaître une contraction du volume total de ses sources actuelles d'approvisionnement en pétrole pouvant aller jusqu'à 8% entre 2019 et 2030.

séisme à prévoir. Pour l'agriculture, au-delà du réchauffement climatique, de multiples autres défis seront à prévoir, comme la baisse des nappes phréatiques et de nombreuses dégradations environnementales liées aux sécheresses, inondations ou incendies. Si nous le savons déjà, nous devrions nous ajuster dès maintenant à ce probable double séisme pour qu'il n'achève pas notre civilisation en colère d'affamés. Malheureusement nous vivons dans l'instantanéité.

— S'il y a une certaine douceur à s'abandonner devant ce crépuscule singulier, des feux rougeoyant devant nous, nous placent avec stupeur en face de la beauté du monde agonisant, notre terre-nourricière meurt.

Cette photo deviendra réalité, l'analyse de chiffres semblent montrer la tendance. Aucune indulgence ne sera tolérable. S'ajuster à la diminution des ressources pétrolières fait partie de la restructuration nécessaire à l'économie, pour se replacer dans une perspective d'une économie durable. L'agriculture moderne dépend très fortement de l'utilisation du carburant fossile pour ses travaux, labour, semis, culture et récoltes, irrigation, production d'engrais, fabrication de phosphates, de potasse, et les transports nécessaires pour déplacer ces produits et cela malgré l'amélioration notables des rendements, ceux des machines et ceux agricoles intrinsèquement. Il y a 50 ans, il fallait plus de 100 litres de carburant par tonne de grain produite, contre 50 litres il y a 20 ans. Avec la migration des ruraux vers les villes, il devient difficile de recycler les déchets humains pour fertiliser les sols agricoles. La distance entre producteur et consommateur s'accroit, elle contribue à briser le recyclage de nutriments, comme l'exportation de céréales qui en contiennent, ou les élevages intenses d'animaux, loin de zones de production d'aliments qui obligent les agriculteurs à évacuer leurs déjections par camion. La distance parcourue par les denrées alimentaires entre le lieu de production et le lieu de consommation n'a cessé d'augmenter grâce à l'abondance du pétrole bon marché, soit par camion, par bateau, ou par avion. Elle représente les deux tiers de l'énergie requise pour produire ces denrées alimentaires. L'**ENERGIE** a besoin d'un convertisseur d'énergie qui remplace ou améliore un travail en agriculture. Le mot **ENERGIE** peut être remplacé par **MACHINES**, celles-ci supposées mécaniques agricoles, chaleur, logiciels et ordinateurs, éclairages, intrants issus de l'industrie chimique, tout ce qui permet l'aide énergétique aux travaux de la ferme, cet ensemble améliore la productivité. La France est sur le thème du paysannat et de la ruralité, historiquement singulière par ses valeurs culturelles de ses racines catholiques et latines peu favorables à l'entreprise et aux **MACHINES**. La révocation de l'édit de Nantes de Louis XIV a assuré à la fin du XVIIe siècle, une victoire de la France rurale et centralisée, sur la France protestante, maritime, libérale et favorable à l'esprit d'entreprise. Les protestants réprimés pendant des décennies, choisirent l'émigration. Un parmi eux, Denis Papin, inventeur du principe du moteur à explosion avec Huygens en 1673, devance la révocation de 1678, en partant pour Londres en 1675 avec ses idées. La révocation fut une erreur. Réalisant *"l'union du trône et de l'Autel"*, se faisant mieux respecter par ses *"bons catholiques des* *campagnes"*, elle contribuera à appauvrir et affaiblir la France, déjà ravagée par les calamités naturelles qui affectaient les récoltes. Cette décision politique eut des conséquences humaines dramatiques. Saint-Simon dénoncera *"un complot affreux qui dépeupla un quart du royaume, qui ruina son commerce, qui fit passer ses manufactures aux étrangers"*. L'agriculture demeura ainsi sans évolutions. On attendra le milieu du XIXe pour voir les conditions de travail des paysans s'améliorer, grâce à la contribution de la révolution industrielle initiée en Grande-Bretagne avec cette fameuse machine à vapeur de Newcomen améliorée par Watt. Toutefois cette contribution à l'agriculture au travers de machines ou intrants, eut un effet de bord, les vagues d'exode vidèrent les campagnes à l'avantage des villes, là où on étudie et fabrique des **MACHINES**. Qui, à priori, se poursuit, même si les usines et les bureaux d'études s'installent sur des terres agricoles aux abords des villes, favorisant la construction de maisons d'habitation sur ces mêmes terres agricoles. Que faut-il comprendre ici, que Louis XIV n'avait pas conscience des phénomènes induits de sa décision politique dans les années à venir, sur son peuple. Les décisions politiques ont ces effets secondaires qui peuvent rendre nocive une politique bien ou mal intentionnée. Les paysans, pour sortir de leur extrême pauvreté avaient besoin de ces machines nouvelles comme énergie supplémentaire pour leurs travaux et l'amélioration des rendements de production, comme cela se réalisera plus tard. Les victimes des effets secondaires ont été les personnes différentes de celles auxquelles la sanction du Roi s'appliquait, ici, les bons catholiques des campagnes.

Utiliser l'énergie a été pour l'homme de mobiliser une **MACHINE** qu'il a inventée et qu'il alimente avec l'**ENERGIE** à disposition qui lui rend un service sous forme d'une autre énergie. Les thèmes d'énergie et d'agriculture m'apeurent, ils deviennent cruciaux avec l'agonie du monde agricole, celle de la biodiversité, l'épuisement de l'énergie facile qui façonna la nouvelle agriculture, et le mode de vie moderne de l'économie de marché qui ne s'intéresse plus à l'agriculture. La valeur de la production agricole est estimée à 73 milliards d'euros soit 3.5% du PIB sur 30 millions d'hectares grâce au travail de 450 000 agriculteurs, chiffre à comparer aux 170 milliards d'euros de celui de l'industrie agroalimentaire. La moitié de la population des paysans a plus de 50 ans et espère *"surtout une retraite anticipée"*. Leur revenu moyen est de 15 000 euros par an, mais un tiers d'entre eux touche moins de 350 euros par mois, environ 4 000 euros par an. La révolution industrielle qui a créé des **MACHINES** convertisseurs d'**ENERGIE**, a libéré la main-d'œuvre des champs pour la pousser vers les villes. Qu'en sera-t-il dans dix ans, vingt ans ?

Le labour

Prenons l'exemple du labour comme ordre de grandeur du temps employé à une telle tâche et le gain des machines agricoles sur quatre époques. Autrefois, avec deux bœufs accouplés par un joug, on labourait un hectare de terre en une douzaine d'heures sans compter les arrêts pour reposer les animaux et les hommes ; avec deux chevaux, on labourait en huit heures. Puis vint le tracteur, adolescent j'ai remplacé parfois mon père à la conduite de son petit tracteur pour différents travaux agricoles, la force hydraulique des vérins me permettait de relever la charrue sans effort. Avec ce tracteur d'une vingtaine de chevaux, pour labourer un hectare, on employait quatre heures, on ne s'arrêtait pas, une fois les réflexes du travail acquis. Puis sont arrivés les tracteurs plus modernes de très grosses puissances avec d'énormes charrues à plusieurs socs, un hectare se laboure en une demi-heure. Ce simple exemple du labour éclaire l'action positive de la puissance développée par les machines agricoles sur le temps de travail utile ou sur la main d'œuvre nécessaire. Du temps du cheval pas très lointain, mon père labourait au début de sa ferme, dans les années 1960, avec sa jument et celle empruntée à un voisin, que souvent son poulain suivait, à celui avec un gros tracteur, le temps de labour pour une surface donnée est 15 fois plus rapide, des haies ont été abattues pour un gain de temps. La surface agricole en France s'est réduite[1] en 60 ans, en supposant la même surface exploitable, une ferme agricole aujourd'hui, a donc 15 fois moins d'employés, ou vice-versa, à même main d'œuvre, une surface d'exploitation agricole 15 fois plus grande. Le village de mon enfance comptait environ 60 fermes, il n'en reste que 4. Le compte y est. On travaille la même durée, avec la même main-d'œuvre, sur une ferme 15 fois plus grande. Reprenons cela sous forme de tableaux.

Sur l'exemple suivant, au premier ordre, on ne prend que les exploitations céréalières. La base est la ferme exploitée par la famille de 15 hectares avec 2 chevaux. Chaque cheval est nourri avec 1 hectare de terre, il reste 13 hectares pour cultiver le blé.

---

[1] En France, réduction des surfaces agricoles de 17% en 60 ans

Temps pour labourer 1 hectare	
2 bœufs	12 heures
2 chevaux	8 heures
1 petit tracteur (20 ch)	4 heures
1 gros tracteur (160 ch)	½ heure

Le tableau suivant prend en compte le nombre de fermes dans une commune de 900 hectares de terres agricoles, exemple du village de mon enfance. Les chiffres sont environ ceux-là, au cheval près. Ces fermes du Cotentin élevaient des vaches laitières, ils se prêtaient les chevaux ou la main d'œuvre pour les travaux. Des CUMA (Coopérative d'Utilisation de Matériel Agricole) regroupaient aussi l'achat et le partage de l'utilisation de ce matériel.

Surface exploitable par un paysan dans une ferme		
Source d'énergie	Surface ferme	Nbre de fermes
2 bœufs	10 ha	90
2 chevaux	15 ha	60
1 tracteur (20 ch)	30 ha	30
1 tracteur (160 ch)	225 ha	4

L'énergie primaire utilisée depuis 200 ans, est l'énergie fossile, charbon et pétrole. La chimie issue de cette énergie primaire, permet une croissance favorable des plantes grâce aux engrais et aux produits phytosanitaires. Les rendements productifs agricoles des céréales se sont nettement améliorés depuis les années 1950, comme le montre ce graphe.

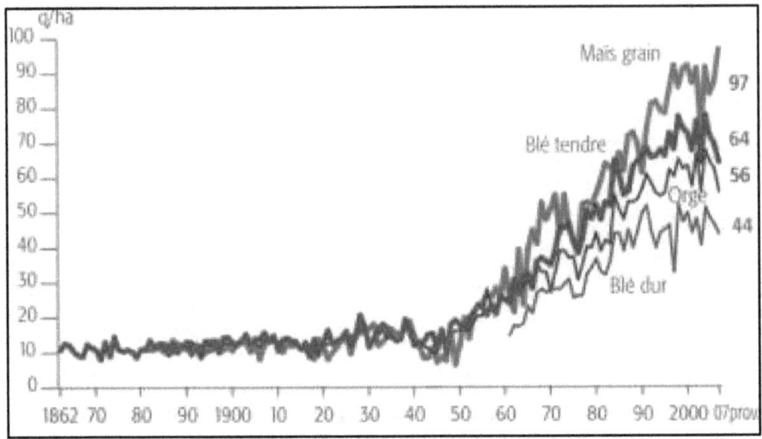

Ce graphe traduit le rendement productif de la ferme en 2020, un hectare produit 6 à 7 fois plus de céréales qu'à l'époque des bœufs en 1950. Plus loin on retiendra les chiffres de 64 quintaux par hectare pour le blé alimentaire et 80 quintaux par hectare pour celui utilisé pour les biocarburants. En 1960, en 8 heures, je labourais le champ d'un hectare avec deux chevaux et produisais 20 quintaux de blé. Aujourd'hui, je vais 15 fois plus vite à labourer et produis 64 quintaux de blé. Reprenons les tableaux avec ce blé alimentaire :

Production de blé par ferme et village de 900 ha			
Source d'énergie	1 ferme	Production de blé	
2 bœufs	10 ha	80 q	7 200 q
2 chevaux	15 ha	260 q	15 600 q
1 tracteur (20 ch)	30 ha	600 q	18 000 q
1 tracteur (160 ch)	225 ha	14 400 q	57 600 q

Le revenu brut vient de la vente du blé. Les cours sont moyennés pour éliminer leur volatilité.

Production de blé par ferme et village de 900 ha					
	Prix mondial		Revenu brut (vente de blé)		
An	cours	const	Ferme	Village	Base
1950	50 $	185 €	1,5 k€	130 k€	100%
1960	60 $	570 €	14.8 k€	900 k€	700%
1980	150 $	500 €	30.0 k€	900 k€	700%
2015	280 $	370 €	533 k€	2.13 m€	1600%

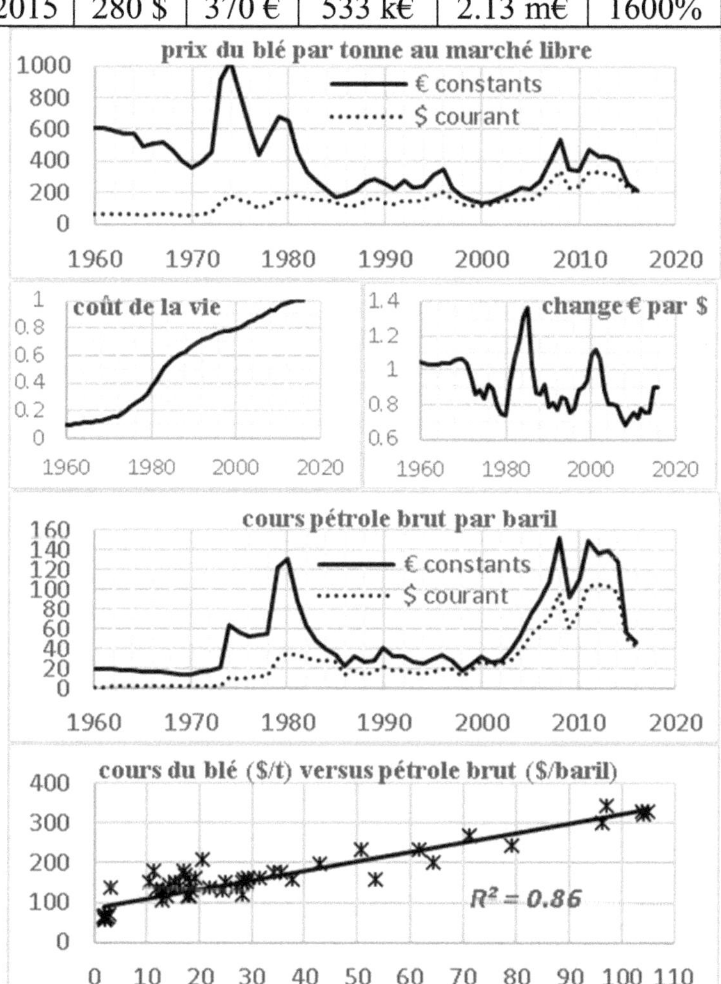

> *— En 2020, la productivité d'une ferme est 180 fois
> celle de 1950. Est-elle 360 fois plus riche ?*
> *— En 2020, la productivité du village est 7,4 fois celle
> de 1950. Est-il 16 fois plus riche ?*

La richesse de l'agriculture

S'il fallait évoquer le PIB d'une ferme, d'un village, on omettrait ses échanges bénévoles et spontanés d'entraide entre fermes. Les villages[1] et leurs habitants vivaient ensemble heureux avec peu de choses, avec leurs propres règles implicites. Ils travaillaient sans cesse mais tout vivait, sans relance dans le mouvement des saisons, des événements, église, école, presbytère, théâtre, marché, foire, fête, kermesse … Il s'y échangeait la force de la main-d'œuvre contre presque rien, un peu de fumier, du bois à couper, des pommes à ramasser, le prêt du pressoir, on se donnait un coup de main mutuel. Le revenu n'importait pas, on était plus ou moins pauvre mais heureux, on s'entraidait, on s'offrait à boire. Il y avait des riches c'est vrai, les aristocrates ou les nobles du château voisin, les propriétaires de grosses fermes agricoles, les propriétaires d'une carrière ou d'un atelier, ils employaient un grand nombre de main-d'œuvre locale, on les voyait, peut-être un peu plus distants par timidité, mais tout le monde se retrouvait, à la messe, dans la cour de l'église, à l'épicerie. Le village dans cette vie passée était une deuxième famille pour chacun. Ces villages avaient toujours été, après la famille, la seconde communauté où s'inscrivait le quotidien de chacun. C'est dans le village que l'on

---

[1] J'utilise *"village"* plus humain et social à *"commune"* ou *"paroisse"*

recherchait et trouvait son bonheur. C'est dans le village que se vivait le temps retrouvé, le temps partagé. Au village, nul n'était anonyme. Des personnes étaient des vedettes. Les lieux de rencontre étaient les endroits où s'échangeaient les nouvelles, la cour de l'église ou les bistrots, chez le maréchal-ferrant ou le bourrelier, dans les salles attenantes au presbytère. Il me reste ces souvenirs d'une vie rythmée. Nous étions la même famille partout. Gamin, les anciens du village nous considéraient comme leurs neveux, leurs petits-enfants ; les moins jeunes comme leurs petits frères. Les maisons étaient ouvertes toujours, on entrait chez eux comme on entrait chez nous. Moments de bonheur, moments de tristesse aussi, lorsqu'ils mouraient, on disait leurs maladies, les adultes allaient les veiller. Le glas de la cloche annonçant leur mort, me reste présent. L'argent ne comptait pas, ou très peu. Nous n'avions guère de jouets, mais nous n'envions pas ceux qui en avaient. On se fabriquait nos propres jouets avec des bouts de bois.

Les progrès et les loisirs nouveaux ont peu à peu modifié le rythme de cette vie quotidienne jusqu'à sa disparition. Aujourd'hui les villages voisins se regroupent pour faire vivre un bout d'école, l'église est close, le presbytère vendu, les épiceries et bistrots, clos, les écoles mutent en habitation, les résidents secondaires envahissent les terres agricoles, les prairies d'autrefois.

Il n'est pas aisé de prédire avec la baisse de l'extraction du pétrole de 8% prévue en 2030, comment la vie de ces anciens villages agricoles, où se trouve l'essentiel de la production des denrées alimentaires, évoluera. L'évaluation de la richesse économique des fermes agricoles au fil des décennies, ce qui pourrait être un calcul de PIB, est probablement impossible à cerner, même en reprenant avec minutie leur comptabilité. Ma mère tenait sa comptabilité dans un grand livre dédié, celle des entrées et sorties d'argent, mais pas ceux de l'autoconsommation de la ferme, sauf sur un autre petit carnet pour comptabiliser les récoltes de l'été, le fourrage, les pots de conserve. Je suis incapable de dire un revenu net. Il était semblable à toutes les autres fermes. On n'achetait généralement que son pain, voire des poissons à fumer, un bon bifteck, un fromage. Notre bonheur de vivre était ailleurs. Le revenu net des fermes actuelles avec le revenu brut du tableau page 103, n'est pas plus aisé à extraire. A la maison, pas de dépenses périodiques sauf le contrat EDF, pas d'automobile ni de téléphone ni de téléviseur ni de réfrigérateur, seul le poste de radio à lampes, remplacé par un transistor et l'éclairage électrique étaient les technologies modernes. Pas d'achat d'intrants, ou rarement, quelques semences et quelque engrais. L'essentiel des denrées alimentaires de la ferme était conservé en bocaux (pâtés, légumes, confitures de fruit), ou dans le sel dans des grandes poteries (viande essentiellement). Les pommes, pommes de terre, endives, oignons, aulx, carottes … avaient leur système de conservation dans des endroits dédiés. Clairement le revenu ne pouvait financer les études des enfants, comme il ne pouvait, non plus, donner de l'argent de poche. En fait, malgré l'activité aux travaux de la ferme durant chaque vacance scolaire, nous n'en avions pas, et il n'aurait guère servi. J'eus les bourses d'Etat qui financèrent toutes mes études sans que mes parents n'eussent à payer, transport, restaurant, piaule, lessive, livres scolaires que je revendais ensuite, tout était couvert, chaque mois je finissais sans plus rien, et j'attendais le versement suivant. J'empruntais les livres quand j'avais le temps pour lire, rarement. Les frais de scolarité et les inscriptions aux concours étaient gratuits, sans cela, poursuivre les études aurait été impossible. L'ascenseur social existait, mais avec une organisation bien ordonnée de la vie répartie entre la ferme et l'école, et la volonté de réussir.

Un débat essentiel à la renaissance du paysannat pourrait suivre et rechercher quand la ferme atteint le revenu décent sur une période donnée et démontrer qu'il existe un optimum pour sa taille auquel le rendement net de l'activité a un maximum, grâce surtout à une diversité de production de produits agricoles, la poly-agriculture qui permet l'économie circulaire de ses ressources. Trop petite, le transformateur qui achète les produits agricoles, ne s'intéresse guère à cette ferme qui vivote bon an mal an de maigres revenus, dans l'auto-suffisance alimentaire, les crises n'ayant guère d'impacts sur elle ; trop grosse, souvent en monoculture pour sa rentabilité, les emprunts pour acheter le matériel ou l'achat d'intrants, pèsent trop dans le revenu, qui de plus, dépend de la volatilité des prix agricoles, due au commerce international, due à des conditions climatiques, sécheresse, inondation, tempête, gel, grêle ; due aux crises sanitaires, due à la variation des cours du pétrole ; due à des interdits écologiques trop soudains ; une fois favorables, l'exploitation fonctionne, une autre fois défavorables, pour mille raisons, comme si elle ne réussissait pas à constituer un bas de laine durant les périodes fastes pour passer les coups durs des périodes néfastes. Les normes et règles[1] imposées au monde agricole, rendent très difficile sa gestion financière. Cette situation de criticités se révèle plus fréquent. Bien que la ferme de mes parents ait connu des conditions climatiques, sécheresse, neige avec gel, ou sanitaires, voire mai 68 qui bloqua la vente de lait, il fallait traire les vaches, le lait était transformé en beurre pour sa partie valorisable, le reste distribué aux animaux.

<u>Biocarburant comme source d'énergie agricole</u>

L'agriculture est confrontée à un double défi : réduire sa dépendance à l'égard du pétrole et fournir à la société, en plus des aliments, des biocarburants pour remplacer les combustibles fossiles, l'intérêt de ces carburants ne disparaîtra pas du jour au lendemain. L'exercice est le titre *« plus de pétrole »* pour la seule agriculture. On peut faire l'hypothèse qu'au fur et à mesure de l'augmentation du prix des carburants à la pompe, que le transport des aliments (30% des transports routiers) devrait impacter le prix des denrées alimentaires transportées et que l'on reviendrait à une consommation plus locale.

La faisabilité du défi dépend de la capacité de l'agriculture à balancer sa consommation d'énergie externe par la valorisation énergétique à partir de ses ressources. L'agriculture dépend des combustibles fossiles, elle n'est plus dans le système d'énergie renouvelable comme autrefois. Le cheval broutait l'herbe ou l'avoine, biomasses renouvelables, le meunier produisait de la farine en moulant le blé à la

---

[1] Des exemples de suicides de paysans sont expliqués car poussaient au désespoir à partir de règles gouvernementales imposées qui les ruinent.

force du vent. Aujourd'hui le tracteur brûle un carburant non renouvelable. Huit heures de labour avec le tracteur de 160 chevaux consomment 200 litres (utilisation à 80% de la puissance), ce convertisseur d'énergie a un rendement de 45%.

Convertisseur d'énergie	Rendement
Biomasse à travail musculaire	9%[1]
Biomasse à moteur thermique	13.5%.
Énergie fossile à moteur thermique	45%

L'exercice, le calcul est rapide[2] pour sa rigueur, démontre l'effet *"plus de pétrole"*. Il est intéressant pour les ordres de grandeur.

Pour nourrir ses 2 chevaux, le paysan devait leur réserver 2 hectares de terres agricoles pour leur alimentation, herbe, avoine, foin l'hiver, ce que faisait mon père, il n'achetait pas d'aliments pour le cheval ; aujourd'hui, le tracteur n'a plus besoin de cette surface agricole comme ressource d'énergie car il consomme du gasoil issu du pétrole brut. Supposons maintenant que le paysan puisse produire son propre biocarburant sur ses terres agricoles à partir de la biomasse de céréales pour alimenter son tracteur. Cette pratique est courante, par exemple, pour la production de bioéthanol. Un hectare de terre avec les intrants et les produits phytosanitaires, permet de produire 80 quintaux de céréales, et une fois

---

[1] Le rendement de conversion énergétique de la biomasse en travail musculaire se situe entre 8 et 10%. Pour fonctionner, le cerveau utilise 20% de la biomasse consommée, point notable que l'on peut retrouver dans l'intelligence artificielle et les data base dissipant de la chaleur en fonctionnement, et qui substitueront nos cerveaux.

[2] La ferme n'utilise pas que les carburants issus des énergies fossiles, les intrants, engrais, produits phytosanitaires, le sont aussi.

transformés, rendent 3 000 litres de biocarburant et 2,8 tonnes de résidus.

Surface agricole	Blé	Biocarburant	Résidu
1 ha en 2020	80 q	3 000 litres	2,8 tonnes

La France permet cette production d'agro-carburants[1], 7% de bioéthanol est introduit dans l'essence automobile, qui représente 2,5% de surfaces céréalières et 15% de betteraves. La Commission Européenne a publié une étude indiquant que l'incorporation en 2020 grâce au progrès agronomique et au développement de nouvelles technologies industrielles, de 10% de biocarburant dans les carburants, mobiliserait 15% de surfaces agricoles européennes. On comprend vite que pour produire un biocarburant pour tous les transports, on aurait besoin de 1,5 fois les surfaces agricoles, cela devient irréel, le rôle de l'agriculture est de produire des aliments. Le calcul tient compte :

✓ rendement de production (courbes page 102)

✓ rendement (η) conversion biomasse en énergie, (tableau page 109) [9%/45%=0.2] [13.5%/45%=0.3])

✓ et ainsi la part de la surface agricole de la ferme réservée à la production d'énergie

	Production		Energie de la ferme et part réservée				
An	Blé (q/ha)	Carb (l/ha)	Type	par an	η	vaut	Part
1950	10	375	2 bfs	2 ha	0.2	150 l	20%
1960	20	750	2 chx	2 ha	0.2	300 l	13%
1980	48	1 800	20ch	1 800	0.3	3 ha	10%
2015	77	2 900	160ch	14 400	0.3	17 ha	7%

---

[1] Elle occupe 3% de la surface agricole française de céréales et de plantes sucrières. *Les ressources utilisées à 92% dans l'agriculture française, sont, betterave à sucre (24%), blé (40%), maïs (31%).*

Le volume de carburant annuel consommé de 1 800 litres pour la ferme de 30 hectares avec un tracteur de 20 chevaux est suffisant au premier ordre pour une utilisation journalière de 2 à 3 h, 600 à 1 000 h/an. Ce tracteur au labour consomme 3,2 l/h ; à lige, ou avec une remorque à 25 km/h, 2,0 l/h.

De façon triviale, la part de la surface agricole nécessaire pour produire son propre biocarburant est strictement dépendante du rendement de production de blé, grâce aux engrais et produits phytosanitaires nécessaires à de tels rendements.

— *13 à 7% sont les chiffres à retenir de ce tableau.*

Sur un chapitre plus actuel, puisque la voiture électrique occupe le débat politique, le tracteur à moteur électrique alimenté par des batteries électro-chimiques n'est guère possible, des projets naissent pour utilisation en travaux publics. En ordre de grandeur, une tonne de batterie enferme 90 kWh d'énergie. L'ultime technologie automobile permet la capacité à 240 kWh/t. Le travail de labour avec le 160 chevaux nécessite 94 kWh/h. Ce tracteur Diesel pèse 6 tonnes. On retire le moteur d'une tonne (le moteur électrique est très léger), le réservoir de carburant de 300 litres (et 250 kg de carburant). Cela montre les limites de l'électrique, il faudrait 12,5 tonnes de batterie (1,1 MWh) équivalent à 300 litres de gasoil, le tracteur nu pèserait 17 tonnes.

Le tracteur à moteur électrique alimenté avec une pile à hydrogène n'est guère plus possible. Pour la même puissance aux roues, il faut un réservoir d'hydrogène comprimé à 700 bars de 2 200 litres. Placé entre les axes des roues du tracteur, on aurait un caisson de 2.7x1.15x1.15 enveloppant les bouteilles cylindriques.

Le design est possible, mais on voit les limites de stockage de cette énergie.

Conclusion

Tous ces exemples montrent le gain de la révolution industrielle en productivité agricole et en réduction de main d'œuvre. On cerne comment les campagnes se sont vidées de leurs paysans, élite peu diplômée mais douée à la fois d'imagination, d'intelligence, de courage, pour les pousser vers les villes, dans les ateliers, les usines et les services, contraints par le chômage, la faillite ou attirés par une autre vie. Pour compléter l'exercice, il aurait fallu ajouter les différents services liés à l'agriculture, maréchal-ferrant, pétrolier, fabricant de tracteurs, potier, verrier, les services dédiés à ces activités, vétérinaire, mécanicien, l'infrastructure de route, chemin de fer favorisant le transport sur de grandes distances, et qui permit l'épanouissement de régions enclavées et l'export de leurs productions agricoles typiques, fruits, vins, huile, ..., fromage, foie gras, salaisons, …

"Plus de pétrole", l'agriculture peut continuer à cultiver et produire les aliments en ne captant que 7 à 13% de ses surfaces pour son biocarburant. Autrefois la surface de 20% permettait aussi les déplacements hippomobiles, de fermes plus petites, grâce au cheval pâturé dans la même prairie. Mes parents commencèrent leur activité de paysan avec un âne comme moyen de transport des récoltes de la ferme et de déplacement de la famille, probablement à ce départ, le rapport était de 20 à 30%. Dans *"plus de pétrole"*, l'agriculture ne pourra plus fournir le biocarburant au transport automobile et routier.

Je doute un instant. La production de ce biocarburant entrera peut-être en concurrence avec celui d'origine fossile, à tel point que les denrées alimentaires en concurrence, verront dans ce marché, leur prix évoluait au rythme du cours du pétrole issu de l'extraction en baisse. Le système agricole, après les plans de *"productivisme"* et *"consumérisme"* d'après-guerre, vivra dans les prochaines décennies, de profonds changements. Des intellectuels s'approprient le calcul de modèles agricoles et les imposent. Ces modèles ne sont pas présentés au grand public car ils montrent la criticité qu'une telle vie sera de toute façon, impossible.

L'agriculture est devenue folle et le paysan a perdu, contraint, le sens d'une vie utile à l'humanité. Il subit le marché mondialisé, et vit, bon an mal an, loin de son art primordial, loin de sa vie communautaire des villages. Une nouvelle contrainte de la transition énergétique *"plus de pétrole"* s'annonce et se superpose à celle des effets amorcés du *"dérèglement climatique"*, elle aboutira à la fin de l'agriculture vieille de 12 000 ans.

> — *Qu'allons-nous manger demain ?*
> — *Qu'en sera-t-il alors de l'avenir de l'agriculture, du paysannat et de la ruralité ?*

VII

– LE MODELE AGRICOLE –

Le système agricole est moribond, toutes les béquilles dont on le flanque ne servent à rien. Il faudrait pour le soulever, un puissant levier, une pensée forte qui donne envie de changement et d'action. Il faut l'ouvrir, il faut une grande soif de compréhension de ce qui est l'origine de notre civilisation. On ne tiendra pour vrai que ce que l'on peut étudier, prouver, éprouver, comprendre grâce à notre entendement. Il faut opérer une révolution. Il faut sortir le paysan de son état de tutelle permanent dont il est lui-même responsable.

La société intellectuelle d'origine essentiellement citadine tricote et impose ses modèles agricoles avec la conviction intime de la justesse de leur modèle. Certains les expérimentent à petite échelle. Leur vocabulaire est tout dédié de mots usés, rabâchés, les mêmes toujours, expressions vides de sens, martelées, passe-partout. *"Carrefour d'engagement citoyen ; collectif agricole ; accompagnateur de projets ; indicateur de créativité de la société civile ; service d'initiatives à impacts écologique et social positifs ; activités économiques complémentaires ; projet collectif basé sur des valeurs partagées ; communauté mettre les mains dans la terre".* Certains philosophe-expert-paysans répètent à l'envi, que nombre de filières agricoles sont en crise chronique et qu'il faut repenser d'urgence *"ce modèle agricole",* ils le suggèrent avec des discours de changement élaborés à coups de serpe sans analyse des effets de bord inobservables momentanément voire dans l'œuvre du temps ; ils remettent en cause les millénaires du savoir-faire et de la sagesse des paysans. Ils s'imaginent affublés d'une intelligence supérieure à celle des paysans supposés inférieurs, mais ils ne savent pas la puissance et les cycles de la nature qui forment l'intelligence supérieure des paysans sur celle des citadins hors sol. Peut-être sont-ils simplement en colère contre l'étalement de l'agro-industrie ? Quelquefois ils osent suggérer de mettre l'accent sur *"un retour aux solutions paysannes"* et *"sur l'innovation alimentaire".* Ils aiment parler de crises car ils les vivent intensément au premier rang.

Mais ils oublient une réalité, le paysan, le vrai, est un homme avec son humanisme, il n'est pas un robot de la production de denrées alimentaires au service de l'humanité. Le paysan lui, ne tricote pas, car il réfléchit quotidiennement à son futur. Son futur n'est que le futur de son passé, à partir duquel il le construit avec ses idées qui dominent l'humanité, il est la racine de la civilisation. Son vocabulaire est pauvre, c'est vrai, mais sa volonté est riche. Cependant ici, avenir et démocratie semblent s'évanouir sans fin et devenir inaudibles, jusqu'à disparaître dans un vide intellectuel projectif. Car le paysan est l'oublié et l'invisible de la République. Car le paysan vit autre chose, il vit le temps long de la nature, ses cycles, ses saisons, ce que le citadin, entre béton et bitume, ne connaît pas. Une crise nationale, sanitaire, économique, énergétique, quelle qu'elle soit, ne se présente pas à lui avec la même échelle de gravité que chez le citadin. La crise, il l'absorbe sagement, elle le secoue évidemment, il s'adapte. Cependant il connait bien la panique du citadin qui la vit lui, dans l'instantanéité de l'angoissé affamé devant la porte du frigidaire, smartphone à la main, vautré dans son fauteuil. Le paysan a la connaissance précise du passé, celle des crises aussi. Comment le citadin hors sol peut-il oser suggérer de mettre l'accent sur le retour aux solutions paysannes et l'accent sur l'innovation alimentaire, alors que s'il n'avait déréglé l'agriculture par ses suggestions passées, il y a sept décennies, les choses auraient été ainsi depuis autrefois, ou probablement très différentes ? Comment soudain, le citadin découvre *"les circuits courts"* alimentaires durant la crise comme solutions pour résoudre son problème de frigidaire, qu'il oubliera instantanément le jour d'après, alors qu'elles étaient la routine du temps passé des marchés, et des foires ?

Mais que s'est-il passé depuis autrefois ? Les hypermarchés vendent les trois-quarts des denrées alimentaires de piètre qualité provenant de toute la planète, toutes chargées d'émissions de CO2, à des prix défiants la concurrence de la production locale, pourtant de qualité supérieure. Les fast-foods sont l'apanage de la jeune et moins jeune génération. Les plats préparés dans des barquettes, en vente dans les frigidaires des hypermarchés, sont tout prêts à être consommés. C'est ainsi, le citadin est fainéant.

— *Combien tout ce système de distribution alimentaire, est-il la culpabilité du paysan ?*

Puis soudain, on apprend que le pet d'une vache est en partie responsable du réchauffement climatique, car il émet du méthane ; alors il faudrait moins d'élevage d'animaux, plus de fruits et légumes. Le paysan est donc coupable. Il faut traduire ces propos : *"on vous donne des primes à l'abattage massif des bovins, en contrepartie aussi des primes à la conversion des prairies en culture de fruits et légumes"*. Tout le monde est content. Plus de pets de vache. Il y a 40 ans, on finançait avec un contrat d'achat, la mutation de prairies d'herbe de nourriture de vaches laitières en vergers, dans le Cotentin, pour la production de pommes à cidre. Le projet échoua. C'est continuel, cyclique, l'agriculture est une des variables d'ajustement modernes d'une société en crise permanente, au profit de l'immédiateté de décisions sans penser les souffrances humaines et écologiques.

Le système agricole est moribond. Le paysan est perçu comme un robot, une machine à produire des aliments. Souvent on l'accuse de mal travailler. Alors que l'agriculture et l'alimentation sont des trucs vieux comme le monde, que la révolution industrielle avec la croissance de la démographie planétaire sont plutôt responsables du dérèglement climatique et de son état moribond. Chaque discours de changement est la mise à mort du paysan, déboussolé sans guide, car son monde ne peut être modifié de l'extérieur. Il ne peut que se modifier de lui-même grâce à son intelligence, à son savoir-faire millénaire. Il n'est pas maître de la nature, il le sait, mais il maîtrise parfaitement son Art. Toutes les décisions venant de l'extérieur portent atteinte au monde paysan qui a ses repères, son passé, son échelle de temps, ses règles de solidarité. La société est arrivée à l'absurdité incroyable, sans aides financières, il n'y aurait plus d'agriculture, sans aides financières, ça serait la famine dans le pays. En sept décennies, après les plans Marshall et Monet, depuis la mise en place du *"productivisme"* et du *"consumérisme"*, on a abîmé à jamais le monde agricole, à tel point, que les jeunes générations se détournent des filières agricoles. Alors quand un Ministre de l'Agriculture et sa suite parcourent la plaine après une inondation, et promet, il devient hardi, son discours de changement tue la réalité de changement. Le paysan n'est plus dupe, son discours *"y-a qu'à, faut qu'on, je m'en occupe"* voile l'incertitude et l'inaptitude, il sait déjà que les mots du Ministre ne sont pas la gestion politique de l'Etat.

> *— Sous l'aspect de l'organisation politique de l'Agriculture, le débat avec le paysan est primordial. En l'invitant l'Etat se glisse où jamais il n'a pu le faire. Le paysan ne sera plus un invisible de la République !*

Je suis fils de paysan, j'ai une chance considérable de poursuivre mes études supérieures grâce aux bourses d'Etudes. J'ai eu la chance de partager durant 25 ans le métier de paysan. Depuis lors cette campagne normande tant mécanisée, s'est vidée de son âme, de sa vie. Je suis arrivé dans une société supposée moderne, poussé par l'intuition d'un père, vers la ville pour poursuivre mes études et exercer mon métier. Mon père avait-il eu comme arrière-pensée, le confort d'une autre vie ?

Le trinôme [énergie, agriculture, Cité] a besoin de la vue de l'esprit pour cerner son futur, ce futur qui préoccupe. On transitionne sans vraie maîtrise de quelles transitions. Le futur est absent. Le débat est vaste et politique. Nous rêvons de renouvelable, d'écologie, mais cette fois-ci il faudrait réindustrialiser et non plus délocaliser, pour que cela ait un sens. Ça a un coût, l'économie n'est plus vraiment en forme. Nous rêvons de circuits courts pour l'agriculture, mais nous achetons notre alimentation en hypermarché, bien commode ! Nos rêves se bornent à des mutations à court-terme comme tous les rêves. Des livres et des journaux évoquent les risques d'une chute, en fait, elle a commencé il y a plus de 40 ans. Des solutions politiques émergent sans analyse d'effets de bord. Un constat aujourd'hui, un chiffre montre le questionnement :

> — *Comment fait-on pour nourrir quotidiennement une région de 10 millions d'habitants comme l'Ile de France avec un niveau d'autosuffisance alimentaire de seulement 6% ?*

6%, seulement 600 000 habitants de l'Ile de France auraient accès à une denrée alimentaire en cas d'arrêt des transports et 9 400 000 habitants auraient faim et se battraient pour manger. On comprend que dans une telle situation, la réaction immédiate comme solution : *"les circuits courts"*. Mais je ne pense pas que le francilien ne doute du fait que, si les transports des denrées alimentaires essentiellement routiers desservant sa région, s'arrêtent pendant trois jours ou une semaine, pour diverses raisons, il serait très vite affamé, et que cela générerait une révolte certaine dans sa Ville.

Depuis que j'en pris conscience, je me pose sans cesse la question suivante *"Comment en est-on arrivés là à disloquer notre planète ?"*. Sans réponse ! Je ne suis pas seul. On retrouve les mêmes propos sous d'autres formes avec des mots menaçants que la jeunesse récite devant institutions mondiales, le visage catastrophé au bord des larmes et l'odeur de l'agonie :

— *« Nous vivons un cataclysme planétaire. Réchauffement climatique, diminution drastique des espaces de vie, effondrement de la biodiversité, pollution profonde des sols, de l'eau et de l'air, déforestation rapide : tous les indicateurs sont alarmants. Au rythme actuel, dans quelques décennies, il ne restera presque plus rien. Les humains et la plupart des espèces vivantes sont en situation critique ».*

— *Alors, plutôt que de jouer sans cesse avec le spectre de la fin du monde ou de se dandiner en une sorte d'immobilité trépidante, ne serait-il pas salubre de redynamiser le temps en force historique ?*

La question est de savoir si le futur de l'humanité, celui de la Cité, celui de la ruralité, existent ou non, ou peut-être déjà quelque part, il apparaît. Parce la question interroge le temps en usant de termes relatifs à l'espace, cette question déclenche en notre esprit un gigantesque embarras et nous n'y répondons d'ailleurs que de façon bancale, en accordant au futur une philosophie vacillante. Mon essai deuxième *"talents de la Cité de demain"* cherche à regrouper les citoyens et approcher des solutions d'avenir en respectant une grammaire. Cet essai évoque la Cité pour la sauver, la *"changer"*. En fait, les décisions majeures orientant le devenir de l'humanité, de la Cité, de la Ruralité, sont toujours prises par un tout petit nombre de personnes privilégiées d'une collectivité jouissant le pouvoir partagé par accord mutuel, comme le faisaient autrefois les princes. On retrouve cela au sommet de l'Etat. Alors gravons cela en dur :

> *— Nous ne pouvons plus laisser "le Paysannat de demain" aux mains d'incompétents jouant avec le système qu'ils ne comprennent plus.*

Le concept des *"talents"* est l'intelligence collective, le dessein de la Cité ou de la Ruralité n'est plus au faîte de sa pyramide, mais s'étale à tous ses niveaux. Dans ce contexte de l'agriculture, cela serait :

> *— Le paysannat pense, l'élite exécute !*

L'énergie est une grandeur physique qui quantifie un changement d'état, elle ne dépend pas de nous. Dès qu'un système change d'état, de forme, de couleur, de température, de vitesse, l'énergie intervient. L'énergie existe depuis que le monde est monde, depuis qu'il y a l'univers. La nature est un convertisseur d'énergie solaire, elle transforme les photons en glucose, et en feuille de salade. L'homme est un convertisseur, il mange la feuille de salade et la transforme beaucoup en chaleur et un peu en mouvement. La transition énergétique existe depuis très longtemps. Elle a démarré il y a environ 500 000 ans quand l'homme a découvert comment faire du feu. Pas seulement, il a compris qu'il pouvait cuire la viande pour la manger. Les aliments cuits sont plus faciles à mastiquer que ceux crus. Depuis que l'Homme s'est établit sur un territoire pour y mener une agriculture sédentaire dans le but naturel de se nourrir, sans plus chasser ou cueillir sa pitance en se déplaçant vers les zones propices à sa nourriture, il a créé et fait évoluer sa société. Cela commença il y a 12 000 ans. L'*homo sapiens* qui a une grosse cervelle, a commencé à comprendre qu'il pouvait s'approprier l'énergie d'autre chose pour lui-même, pour l'aider, jusqu'à finalement créer le système agricole moribond. Il a domestiqué des animaux pour l'aider, les chats, les chiens, les chevaux, … L'agriculture est désormais prisonnière de combustibles fossiles et le passage à l'électricité est impossible pour ses tracteurs. La part de production des biocarburants par rapport aux denrées alimentaires devra être une décision politique pour éviter toute crise alimentaire pour beaucoup d'habitants. Une nouvelle contrainte émerge avec le réchauffement climatique, la population agricole devra se déplacer davantage dans les 50 prochaines années qu'elle ne l'a fait depuis les 6 000 dernières pour s'installer là où les températures et les pluies sont propices.

> — *Dans la gestion politique de l'Agriculture, le débat avec le Paysan, avant son dernier soupir, est primordial.*
>
> — *L'Agriculture doit être la priorité politique car l'Alimentation est la base de la vie humaine et de la paix sociale.*

Fréjus, le 23 Août 2020